世界五千年
科技故事丛书

卢嘉锡题

《世界五千年科技故事丛书》
编审委员会

丛书顾问　钱临照　卢嘉锡　席泽宗　路甬祥
主　　编　管成学　赵骥民
副 主 编　何绍庚　汪广仁　许国良　刘保垣
编　　委　王渝生　卢家明　李彦君　李方正　杨效雷

世界五千年科技故事丛书

科学史上的惨痛教训

瓦维洛夫的故事

丛书主编　管成学　赵骥民

编著　赵立兴

吉林出版集团　吉林科学技术出版社

图书在版编目（CIP）数据

科学史上的惨痛教训：瓦维洛夫的故事 / 管成学, 赵骥民主编. -- 长春：吉林科学技术出版社，2012.10（2022.1 重印）
ISBN 978-7-5384-6113-8

Ⅰ.①科… Ⅱ.①管… ②赵… Ⅲ.①瓦维洛夫（1887～1943）－生平事迹－通俗读物 Ⅳ.①K835.126.15-49

中国版本图书馆CIP数据核字（2012）第156262号

科学史上的惨痛教训：瓦维洛夫的故事

主　　编	管成学　赵骥民
出 版 人	宛　霞
选题策划	张瑛琳
责任编辑	万田继
封面设计	新华智品
制　　版	长春美印图文设计有限公司
开　　本	640mm×960mm　1 / 16
字　　数	100千字
印　　张	7.5
版　　次	2012年10月第1版
印　　次	2022年1月第4次印刷

出　　版	吉林出版集团
	吉林科学技术出版社
发　　行	吉林科学技术出版社
地　　址	长春市净月区福祉大路5788号
邮　　编	130118
发行部电话 / 传真	0431-81629529　81629530　81629531
	81629532　81629533　81629534
储运部电话	0431-86059116
编辑部电话	0431-81629518
网　　址	www.jlstp.net
印　　刷	北京一鑫印务有限责任公司

书　　号	ISBN 978-7-5384-6113-8
定　　价	33.00元

如有印装质量问题可寄出版社调换
版权所有　翻印必究　举报电话：0431-81629508

序　言

十一届全国人大副委员长、中国科学院前院长、两院院士

　　放眼21世纪，科学技术将以无法想象的速度迅猛发展，知识经济将全面崛起，国际竞争与合作将出现前所未有的激烈和广泛局面。在严峻的挑战面前，中华民族靠什么屹立于世界民族之林？靠人才，靠德、智、体、能、美全面发展的一代新人。今天的中小学生届时将要肩负起民族强盛的历史使命。为此，我们的知识界、出版界都应责无旁贷地多为他们提供丰富的精神养料。现在，一套大型的向广大青少年传播世界科学技术史知识的科普读物《世

序 言

界五千年科技故事丛书》出版面世了。

由中国科学院自然科学研究所、清华大学科技史暨古文献研究所、中国中医研究院医史文献研究所和温州师范学院、吉林省科普作家协会的同志们共同撰写的这套丛书，以世界五千年科学技术史为经，以各时代杰出的科技精英的科技创新活动作纬，勾画了世界科技发展的生动图景。作者着力于科学性与可读性相结合，思想性与趣味性相结合，历史性与时代性相结合，通过故事来讲述科学发现的真实历史条件和科学工作的艰苦性。本书中介绍了科学家们独立思考、敢于怀疑、勇于创新、百折不挠、求真务实的科学精神和他们在工作生活中宝贵的协作、友爱、宽容的人文精神。使青少年读者从科学家的故事中感受科学大师们的智慧、科学的思维方法和实验方法，受到有益的思想启迪。从有关人类重大科技活动的故事中，引起对人类社会发展重大问题的密切关注，全面地理解科学，树立正确的科学观，在知识经济时代理智地对待科学、对待社会、对待人生。阅读这套丛书是对课本的很好补充，是进行素质教育的理想读物。

读史使人明智。在历史的长河中，中华民族曾经创造了灿烂的科技文明。明代以前我国的科技一直处于世界领

序 言

先地位，涌现出张衡、张仲景、祖冲之、僧一行、沈括、郭守敬、李时珍、徐光启、宋应星这样一批具有世界影响的科学家，而在近现代，中国具有世界级影响的科学家并不多，与我们这个有着13亿人口的泱泱大国并不相称，与世界先进科技水平相比较，在总体上我国的科技水平还存在着较大差距。当今世界各国都把科学技术视为推动社会发展的巨大动力，把培养科技创新人才当做提高创新能力的战略方针。我国也不失时机地确立了科技兴国战略，确立了全面实施素质教育，提高全民素质，培养适应21世纪需要的创新人才的战略决策。党的十六大又提出要形成全民学习、终身学习的学习型社会，形成比较完善的科技和文化创新体系。要全面建设小康社会，加快推进社会主义现代化建设，我们需要一代具有创新精神的人才，需要更多更伟大的科学家和工程技术人才。我真诚地希望这套丛书能激发青少年爱祖国、爱科学的热情，树立起献身科技事业的信念，努力拼搏，勇攀高峰，争当新世纪的优秀科技创新人才。

目　录

"书斋"里的青年时代/011

艰险的科学考察/026

辉煌的科学成就/049

李森科的发迹/060

科学真理被送上政治祭坛/078

无法监禁的灵魂/093

永远的追忆/115

"书斋"里的青年时代

莫斯科的冬天来得格外的早。1887年11月13日的凌晨，寒冷的夜色依然笼罩着这座静寂的城市。街上一个行人也看不见，只有近郊的一座院子里透出了一缕温暖明亮的灯光。忽然，亮灯的房间里响起了一阵婴儿的哭声，断断续续的哭声被卷着雪花的夜风传得很远，很远，终于打碎了夜的沉寂。繁星在深蓝的天幕上眨着眼睛，似乎是要告诉所有睡梦中的人：又一个新生命降临人世了。伊凡·伊里奇·瓦维洛夫夫妇含着激动的泪花为自己刚刚出生的儿子默默祈祷。这个男孩就是尼古拉·伊万诺维奇·瓦维洛夫，伊凡·瓦维洛夫家的第一个儿子。40年后，苏联最杰出的农学家、植物学家、遗传学家、作物地理学家。

时间过得真快，一转眼，小瓦维洛夫已经长到8岁了。他像所有顽皮、淘气的男孩子一样，喜欢户外活动。父亲伊凡·伊里奇是一家公司的经理，正直并热爱工作。母亲是一位雕刻艺术家的女儿，善良、勤劳而且聪慧过人。他们从不干涉儿子的兴趣，只是尽可能地给儿子以良好的发挥空间。无忧无虑的童年生活把幸福的笑容永远地留在瓦维洛夫的脸上和心中。小瓦维洛夫极其热切地眷恋着大自然。他常常一个人在花草树木和各种庄稼之间走来走去，抚摸它们，和它们亲热地交谈，每一株树，每一颗庄稼的生长变化都令他惊叹不已。

春末的一天，父亲从外面回来，经过花园时，发现小瓦维洛夫正蹲在一株果树前，目不转睛地观察着什么。伊凡·伊里奇感到很有趣，走过去好奇地问：

"小家伙，你在干什么？"

"爸爸，这株树生病了！"

"不会吧？你看，它已经开了这么多花！"

"可是，爸爸，这株树根部的皮已经开始烂了，它不会结出果实的！"尼古拉·伊万诺维奇稚嫩的声音里充满了焦急和忧虑。

伊凡·伊里奇俯下身，认真地看了看说："尼古拉，好孩子，这是没有办法的事，也许它可以凭借自己的坚强挺过这场灾难，你去玩吧！"父亲说完，就走进屋子里去忙自己的事了。留下小瓦维洛夫一个人坐在地上发愁。想了好一会儿，他忽然下了决心似的拿出一把削铅笔的小刀，细心地把溃烂的表皮一点儿一点儿刮下来，然后又端来一盆清水，慢慢地把伤口洗干净。这株树从此成了小瓦维洛夫的特殊病人。

日子一天天过去了，洁白的花落了满地。又过了些日子，树上结满了黄澄澄的果实。父亲早就把这件事儿给忘得一干二净了。这一天，他忽然发现树上的果子比每年结得都多，觉得非常意外，忙把心爱的儿子叫过来，问道："尼古拉，你可真能干，能告诉爸爸你有什么'法术'吗？"

小瓦维洛夫得意地笑了笑说："我喜欢这株树，我不愿意让它死掉。"

父亲被深深地感动了，他郑重地对儿子说："尼古，好孩子，你应该去读书了，老师和书本会教给你更多的知识，你可以用学到的知识让更多的树和庄稼健康快乐地生长。"这一年的秋天，尼古拉·伊万诺维奇·瓦维洛夫开始了他的小学生活。

在学校里，瓦维洛夫很快就成了最优秀的学生。老师们都非常喜欢这个聪明好学的孩子，同学也爱和他待在一起，听他讲述那些发生在植物世界里的故事。瓦维洛夫讲得活灵活现，有时候，完全沉入自己编织的童话中，瓦维洛夫甚至会忘掉身边的一切。放学回到家后，瓦维洛夫总要静静地在房中温习当天学过的东西，然后拿过一本字典细心地查找不认识的字词，这个良好习惯对瓦维洛夫的成长产生了深远影响。读书累了，瓦维洛夫就会跑出家门，到附近的田野里去收集各种他感兴趣的东西。有植物的种子、标本，还有些奇形怪状的石头。瓦维洛夫把它们分门别类地装在自己制作的小纸盒里，有的不知道名字，就去问父亲和姐姐。姐姐阿列克山德拉也特别喜欢读书，她总是尽自己所能地教给弟弟，帮助他一起查找答案。父亲看着这姐弟两个读书用心，非常高兴。他常亲切地拍着两个孩子的肩膀说："好好学吧，小家伙们，快点儿长大，你们应该成为我们祖国有用的人。"

勤劳的瓦维洛夫和他亲手栽种的小树一天天长大了。大自然中美丽的生命常常给他的心灵带来强烈的震撼。看着那些粉红的花在风中愉快地笑着，花瓣上滑动着晶莹的露珠，看着金色的麦浪随风起舞，沙沙地诉说着成熟的喜悦，瓦维洛夫在内心深处对未来充满了一种神圣的使命感。

很快，5年时间过去了，13岁的瓦维洛夫结束了他的小学生活。按照父亲的安排，到另一所重点学校——莫斯科商业学校继续读书。老师的讲授已经远远不能满足瓦维洛夫对知识的渴求，父亲开始按他的意愿不断地给他买来更多的书。瓦维洛夫的房间里堆满了各种书籍，装着各种植物种子的小盒子整齐地摞在一起，上面贴着字迹工整的标签。还有一些小瓶子、小罐子，里面栽种着很多只有瓦维洛夫才能说清楚是从哪儿弄来的植物。即使是在漫天飞雪的隆冬时节，瓦维洛夫的小屋子里依然郁郁葱葱，苍翠欲滴，充满了生命的渴望和力量。小瓦维洛夫就在这个绿色的世界里编织着属于自己的多彩未来。

瓦维洛夫15岁生日那天，父亲回来得很早，而且还带回来一个神秘的大盒子。弟弟谢尔盖、妹妹莉季娅争着抢着要看看是什么礼物，说不定是什么好吃的糖果呢，瓦维洛夫也在心里兴奋地猜测着。晚饭后，父亲把全家人请到客厅里，拿出那个神秘的纸盒，对大家说："我们的好孩子阿列克山德拉想当一名医生，我很高兴她有这样高尚的追求，这是我们全家人的光荣。现在，尼古拉喜欢研究农作物，我相信他会有所收获的，让我们一起为他加油吧！"停了一会儿，父亲郑重地打开手中的盒子对瓦维洛夫说:"孩子,我买了放大镜、显微镜,还有我国农作物产地图等等送给你,希望这些对你有用。"瓦维洛夫高兴得一下子跳了起来,这些东西是他盼了多长时间的宝贝啊!父亲竟想到买来送给自己,这可是比任何糖果都宝贵一万倍的礼物啊!瓦维洛夫快乐地在屋子里大叫大嚷,全家人都微笑为他祝福。

瓦维洛夫的生活越来越忙碌了,他一边大量阅读生物学方面的书籍,一边抓紧一切时间学习外语。学校里开设了英语课,瓦维洛夫还同时自学德语和法语。不到两年时间,瓦维洛夫已经能独立阅读各种外文书籍了,所有的老师都对他的进步速度感到惊讶。时光瞬逝,一转眼,瓦维洛夫19岁了,他已经成长为一个身材高大健壮、乐观自信、博学多识的青年。从莫斯科商业学校毕业后,在全家人的支持下,瓦维洛夫顺利地考入莫斯科农业学院(也就是现在的莫斯科季米里亚捷夫农学院)。入学后,瓦维洛夫为自己制定了详细的读书计划,他要在最短的时间里,全面掌握作物学、遗传学等方面的世界先进理论,并且力争在未来五年里,初步形成自己的科学理论体系。越来越广博、越来越艰深的专业知识丰富了瓦维洛夫的头脑,同时也充实了他的心灵。瓦维洛夫习惯了紧张有序的生活,老师和同学都对他走路的速度感到惊异。可是,当瓦维洛夫在路上碰到同学有什么问题请教他时，他却能马上停下来陷入深深的思考，如果一时之间没有准确的结论，瓦维洛夫就会拉上这个同学一头钻进图书馆，边查阅资料边争论，一直到找出两个人都满意的答案为止，有的时候，甚至还要请上一两位教授加入这场讨论。老师对瓦维洛夫这种严谨的学风极为赞赏，经常以此鼓励其他同学，瓦维洛夫的勤学好问很快就在全校传开了。

第二年，瓦维洛夫已经不能满足于整天埋在图书馆里攻读理论，他找来几个平时志趣相投的好朋友，商量说："我们只停留在书本上，缺少交流、缺少实践，恐怕对国家建设没什么帮助；况且不了解我国农作物生长的实际状况，也很难在理论上有针对性的突破，我觉得大家应该走出校园，去乡村，去田野，去农民中实地考察一下，然后再回到实验室，回到科学分析研究上来，找出作物栽培中存在的主要问题，寻求根本的解决办法，你们认为怎么样？"一个低年级的女孩似乎有些疑虑，她想了一下，直截了当地问："我们现在的课程很多，出外考察，不会耽误学习吗？更何况谁来组织我们搞这些活动呢？学校不会反对吧？"瓦维洛夫点点头说："你的担心是有道理的。所以我找你们商量。学校那边我去说，我想由咱们自己来组织一个科学俱乐部，在校内可以多搞一些学术讨论或讲座等活动，加强理论知识学习；出去考察时则注重个人能力的训练，要让理论和实践很好地结合起来。所有考察工作我们都利用节假日的业余时间进行，再请几位老师做指导，你们看还有什么问题没有？"在大方向上取得一致意见后，几个人又就一些具体细节进行了深入探讨。第二天，这几个青年人怀着极大的热情投入到这项工作中来。瓦维洛夫很快取得了学校的支持。学校还同意提供大部分活动经费，尽管当时学校的经费十分紧张。同学们都说，学校的支持和瓦维洛夫的个人影响是分不开的。的确，瓦维洛夫的坦诚自信和他对事业的高度热情往往能给周围的人以极大的影响。说干就干，瓦维洛夫做什么事一向不拖泥带水，经过几天紧锣密鼓的筹备工作，科学俱乐部正式成立了。同学们一致推荐俱乐部的发起人瓦维洛夫担任负责人。瓦维洛夫欣然接受了大家的重托。他很快制定了近期活动计划。

　　学校放暑假时，瓦维洛夫带着十几个同学去高加索等地考察。在那里，大家不约而同地发现：农民耕种的土地不少，可是作物品种却少得可怜，而且生长期长，产量很低，农民大都生活在饥饿之中。瓦维洛夫沉默了，他觉得应该做的事实在太多、太重要了。从外高加索回来后，这些青年人带回了大量植物的标本，然后埋头在实验里开始了夜以继日的工作。从此，瓦维洛夫的生活中再也没有"假期"这两个字了，他对物质生活的要求越来越低，一些人没有节制的休息、娱乐在他看来就是对祖国和人民的犯罪。

1909年，瓦维洛夫的大学生活已经过去两年多了。他常常一个人坐在阅览室里，对着达尔文（Darwin.Charies Robert，1809－1882）、孟德尔（Mendeb Johenn Gregor，1822－1884）等人厚厚的著作沉思，俄国的农业现状令人忧虑，从什么地方做起呢？瓦维洛夫不断地给自己施加着压力。这一年，正逢进化论先驱达尔文100周年诞辰，学校举行了大型纪念活动。瓦维洛夫利用自己多年积累和实地考察获得的资料，写成了一篇关于达尔文主义与实验生态学的论文，并在学术研讨会上宣读，得到一些专家的高度评价。从此，瓦维洛夫开始一砖一石地构建自己的生物学理论大厦。

这一年，还有一件事对瓦维洛夫产生了重大影响。瑞典科学院把一年一度的诺贝尔奖金授予德国化学家威廉·奥斯特瓦尔德（Sstwald Frich Withelm 1853－1932）。乍一看来，这件事和正在农学院三年级学习的大学生瓦维洛夫的命运没有任何关系。可是，瓦维洛夫的同学、朋友却不止一次地听他提起这位诺贝尔奖获得者的故事。那么，究竟是什么吸引了瓦维洛夫的注意了呢？原因似乎很简单：奥斯特瓦尔德不仅是一位杰出的化学家，而且还是一位拥有世界声望的哲学家和科学史家。与站到诺贝尔奖领奖台上的时间相隔不久，奥斯特瓦尔德在柏林出版了《伟大的人们》一书。瓦维洛夫一口气读完了作者对19世纪6位最伟大的物理学家和化学家的生动描述。这几位在人类摆脱愚昧走向文明的历程中做出了卓越贡献的科学家光辉的人生历程深深地打动了瓦维洛夫的心灵。

对于瓦维洛夫来说，前人的命运并不仅仅是有趣的故事，更重要的是他要从中汲取向上的力量，激励自己，同时激励自己身边的人。瓦维洛夫的好朋友，萨拉托夫是一位著名的医生，得了不治之症，被疾病折磨得非常痛苦，不想再活下去了。瓦维洛夫得知这一消息后，立刻给这位朋友写了一封长信劝慰，鼓励他。在信中，瓦维洛夫诚恳地写道："我要把罗曼·罗兰写的《米开朗基罗传》寄给您，请您务必要读完这个传记，它写得真是好极了。当您读完它我想您就会忘掉一切痛苦，振作起来，拿出百倍的勇气和信心面对生活，抵抗疾病。我在自己的书房里挂着戴维（Dav sir Humphry，1778－1829 英国化学家）和米开朗基罗（Michelangelo，Buonarroti，1475－1564 意大利文艺复兴时期杰出的雕刻家、画家、诗人）的画像，每当生活中出现不愉快的事情时，我总是想起米开朗基罗，想起他在被人们抛弃，几乎遭到放逐并且身患重病的悲惨境况下，仍从亚平宁山上拉下一块大理石，平静、顽强地雕刻他至今尚无人能超越的震撼世人灵魂的伟大作品……"

奥斯特瓦尔德的这本书之所以引起瓦维洛夫强烈的兴趣，还有一个重要原因：在最后几章中，奥斯特瓦尔德根据自己的研究回答了长期以来萦绕在人们心中的几个问题：科学中的天才究竟是怎么回事？是什么样的条件促进了天才的发展？又是什么样的条件可能摧毁一个天才？奥斯特瓦尔德关于天才的论断给瓦维洛夫极大的启发，他一连读了好几遍。作者在他的书中谈到："伟大人物的才能很早就表现出来了，杰出的化学家、物理学家、生物学家还是在青少年时代就有了他们主要的发现。潜在的天才的主要老师是书籍，法拉第（Faraday.Michaell，1791－1867）因为没有办法读到所有自己想读的书，所以去印刷厂当了装订工人；李比希（Lvie big Iustusvon，1803－1873德国化学家）为了读书，宁愿长期担任图书馆管理员的助手……任何一项重大发现都需要巨大能量。"

奥斯特瓦尔德把科学家分成两大类：即古典主义者和浪漫主义者。"浪漫主义者创造得又快又多，因而需要一种来自他的冲动所能接受的环境。他能够轻而易举地创造出这样的环境来，因为他充满激情，并且善于将这种激情传输给别人。他就这样把相当一部分参加者吸引到自己身边来，这些人心甘情愿地和充满感恩地接受来自他的影响，并为他的热情所鼓舞。"

事实证明，瓦维洛夫正是这样一位浪漫主义的天才学者。越来越多的人加入到他领导的科学俱乐部中来了，这些有才气有志向的青年紧紧围绕着瓦维洛夫，他们一起读书、讨论、考察、试验，瓦维洛夫热情地指导每一个人，同时又不断地向他们虚心求教，同学们都亲切地称他"可爱的太阳"。

五年级时，瓦维洛夫开始着手自己的毕业论文。他选定的论文题目是："莫斯科省的园田害虫蛞蝓"。一天中的大部分时间，瓦维洛夫把自己关在书房里，大量阅读各国遗传学、免疫学、作物学专论；同时他还挤出一些时间到莫斯科省各地实际考察。在强烈的责任感、丰富的知识、充分的实践基础上完成的论文得到了教授们的一致好评，并且光荣地获得"莫斯科工艺博物馆的波格丹诺夫奖。"

1911年的夏天，瓦维洛夫大学毕业了，农学院院长亲自找瓦维洛夫到自己的办公室，恳请他留在学校任教，瓦维洛夫毫不犹豫地答应了，他说："我在这里学习生活了五年，老师们给了我极大帮助，我愿意留下来把知识传授给更多的人。"作物学各论教研室的教授们用慈爱的目光、真诚的微笑欢迎瓦维洛夫的到来。年轻的瓦维洛夫开始跟随普良尼什尼科夫教授一起承担教学任务，同时在校属的莫斯科育种站跟随鲁津斯基从事谷类作物品种资源研究。

第二年，他兼职到彼得堡（即今天的列宁格勒）农业部果戈尔领导的应用植物局，同时在微生物与植物病理局跟随雅柴夫斯基。在此期间，瓦维洛夫还一直义务为果里津妇女高级农业培训班讲授应用植物学和植物分类学课程。瓦维洛夫治学严谨，待人谦和的作风和他工作起来完全忘我的奉献精神令周围的人对他肃然起敬。

为了加强与世界生物学界的交流，莫斯科农学院计划派一名教师去英国进修。教授们纷纷推荐年轻有为的瓦维洛夫，并且相信他能够珍惜时间，学有所成。1913年春天，瓦维洛夫一个人来到剑桥大学校园。他在听课的同时还要在实验室工作，并且要到摩顿的园艺研究所，在贝特森领导下进行研究。天色未明时，早起锻炼的人们常常看见一个年轻高大的身影，夹着厚厚的书籍，脚步匆匆地走向教学楼。这就是胸怀大志的瓦维洛夫。他要抓紧一点一滴的时间，学到更多的知识，提高自己独立研究的能力，在世界生物学界已有的成就基础上，结合自己祖国个体的地理环境，有所突破，有所创新，让最优秀的作物在祖国广袤大地上茁壮成长，这就是自己的任务。一年多的时间很快过去了，瓦维洛夫不知道自己究竟读了多少书，也没有人能够计算清楚。他只知道，自己没有逛过一次街，没有看过一场电影，没有在咖啡店消磨过一个周末！剑桥生活不仅给瓦维洛夫留下了不可磨灭的印象，而且也为他以后在生物学史上取得辉煌成就奠定了更坚实的基础。

1914年，第一次世界大战的枪声打响了。世界局势骤然变得紧张。瓦维洛夫服从祖国召唤，离开剑桥回到莫斯科。重新踏上祖国熟悉的土地，回想起一路上看到的无数在战火硝烟中流离失所的人们，瓦维洛夫的眼里盈满了热泪，战争给全世界人民带来了深重的灾难，但是，科学研究是炮火无法阻挡的，总有一天，战争会结束，自己将用所学到的知识为祖国的人民开创幸福美好的未来。瓦维洛夫就这样含着泪在机场前站了许久，默默祈祷和平和光明早日到来。

1917年，俄国十月革命取得胜利，推翻了沙皇统治，无产阶级成为国家的主人。瓦维洛夫虽然出身于商人之家，可是他从小对祖国和人民有着深厚的感情，并且一直深深地同情生活极端困苦的农民，这一切使得他毫不犹豫地加入了为工农苏维埃服务的队伍，加入了大革命以后的改造和建设的洪流。

艰险的科学考察

20年代初，苏维埃政权刚刚建立，国内外反革命势力不断地威胁着人类历史上第一个社会主义国家。苏联人民为保卫独立和自由进行着艰苦卓绝的斗争。1920年底，外国干涉军基本上被赶出了苏维埃国土，苏联人民开始在和平环境中建设自己的新国家。国家的经济文化科学事业也逐步走上了发展的正常轨道。从这一年起，瓦维洛夫受聘到萨拉托夫大学担任农学系教授。同时开始了他漫长的世界性考察旅行。

1920年夏天，瓦维洛夫确定了他初次南行的考察路线。从莫斯科出发一直向南，经过阿斯特拉罕、达吉斯坦，最后到达帕米尔高原。一路上，瓦维洛夫像一个流浪汉一样奔波在田野、森林里，收集着各种作物的种子和标本。穿越了无数道山涧沟壑，克服了数不清的困难挫折，瓦维洛夫终于来到位于帕米尔高原西部的波斯。这是瓦维洛夫此行的最后一站，他到这里来的目的是要寻找一种珍贵的波斯小麦。瓦维洛夫到达目的地时，正是波斯一年中最热的季节，太阳在头顶的天空中发着耀眼的白光，没有云，四周白蒙蒙的一片，被太阳炙烤得火烧火燎的大地，蒸腾着白色的干热之气。瓦维洛夫和同伴骑着马在荒凉的高原上缓缓地走着。两个人都是满头大汗，脸被阳光烤得通红，衣服早已经湿透了。

瓦维洛夫擦了擦流过脸颊的汗水，对身边的助手笑了笑说："嗨！这地方的天气可真够热的，简直让人喘不过气来！"同伴更是大汗淋漓，累得连擦也懒得擦，事实上，两个人都知道，擦也没用，除非身体里的水分完全被蒸掉。

这个助手一脸苦笑地看了瓦维洛夫一眼，抱怨说："您可真是自讨苦吃啊，为什么不好好地待在国内的研究室里，却非要跑到这个鬼地方来受罪呢？"

瓦维洛夫眼里浮现出一抹浓浓的歉意，沉吟了一下，他转过头，简短地答道："我们一定要找到最好的小麦种子，只有这样，才能培育出适合我国自然环境的高产小麦，说实话，这可是我从小的心愿啊！"说到这儿，瓦维洛夫停住话语，整个人似乎都陷入了那遥远的回忆。助手的眼睛有些湿润了。一个多么好的人啊，他在心里默默地赞叹着，可他并没有说什么，只是策马追了上去。

又走了好长一段路，烈日依然如影随形，一点儿变化也没有。瓦维洛夫摸了摸随身携带的口袋，食物不多了，水也快没有了，如果天黑前不能找到一个村庄，那么两个人就要忍饥挨饿了。抬头望去，黄沙漫漫，荒无人烟，连小麦的影子也没有。高原闷得像一个只会不断释放热气的蒸笼，四周静悄悄的，什么声音也没有，只感觉着层层热浪夹杂着单调的马蹄声一阵阵汹涌而来。两匹马热得伸长了舌头，大口地喘着气。瓦维洛夫知道再这样走下去是很危险的，可是旷野里无遮无盖，坐下来休息也是一样的热，况且得不到水和食物的补充也同样会威胁到人的生命，再坚持一下吧！瓦维洛夫在心里给自己，给同伴，给两匹马鼓着劲儿。

也不知道流了多少汗，衣服湿透了，又被晒干了，晒干了，又被汗水湿透了，太阳快落山时，前面不远的地方，终于出现了一个大约有十几户人家的小村子。两个人又累又渴，严重虚脱，虽然心情激动，却已经没有力气欢呼了，只是相互望了望对方被灰尘和汗水模糊的脸，什么话也没说，跳下马，肩并肩地向村边那一地绿油油的小麦走去。

瓦维洛夫回到萨拉托夫后，还经常回忆起那可怕的酷热。他对自己的学生坦白地说："我有好几次想停下来，不再往前走了。因为我觉得自己的生命正一点儿一点儿地被太阳吞噬掉，我确实有点儿坚持不下去了，可是后来我告诉自己再坚强点儿，我们国家正急需这种小麦，别说是让我流汗，就是让我流血，我也应该毫无迟疑地去做。"瓦维洛夫或许自己也没有想到，在后来的无数次考察中，他不仅有了流血的经历，而且还曾经多次一脚踏到了生死边缘。瓦维洛夫之所以能一次次把自己的生命从死神手里夺回来，凭借的是他的勇敢、顽强、信心和智慧，当然，还有那么一点儿幸运。

1921年，瓦维洛夫分别考察了美国和加拿大的小麦高产区。在那里，他和美国著名的遗传学家摩尔根（Morgan Tnomas Hunet，1866－1945）、米勒（Muller Hermann Joseph，1890－1967），还有很了不起的棉花专家西德尼·哈兰德结下了深厚的友谊。瓦维洛夫尊敬地称他们为老师，在此后的许多年中，他们一直保持着密切往来。米勒应瓦维洛夫之邀到苏联工作，并且组建了一个新的研究实验室，推动了遗传学的一个新方向；哈兰德曾和瓦维洛夫一起走遍了苏维埃全国的所有棉花播种区。

第二年，瓦维洛夫制定出了他的欧洲考察计划。他先后到了英国、法国、瑞典、荷兰等国，受到当地政府的热情接待。英国农学家霍尔和遗传学家达林顿，法国院士、植物学家舍瓦利埃和F·德威廉奥伦夫人等还曾盛情邀请瓦维洛夫到他们家中做客，并尽可能地为他的考察提供一切便利条件。

离开美丽的法国，瓦维洛夫又开始了他的德国之行。一战结束后，这里又恢复了往日的和平与安详。到处是鲜花盛开，绿树环绕，农庄里牛羊成群，牧场肥沃，这一切都在证明着大自然的可亲和伟大。瓦维洛夫在一个小村子里停留了两日，收集到了一些豆类、蔬菜和果树的种子。他还希望能够再多走几个地方，于是第二天早晨起来，告别了村里热心的农民朋友，瓦维洛夫又独自上路了。

踏着清晨的露珠，呼吸着新鲜的空气，在广阔的田野里边走边收集，瓦维洛夫的心情非常愉快，他甚至饶有兴致地哼起了村里人刚刚教给他的德国乡村小曲。快到中午时，瓦维洛夫不知不觉中已经走进了一座大山。他抬头看了一下，天气不错，湛蓝的空中飘着几朵可爱的白云，瓦维洛夫决定翻过这座山，到村民告诉他的另一个农庄去。

进入密林深处后，周围的光线变得十分昏暗，天顶处的骄阳被浓密的树冠遮蔽，只零星地散落下来一些光芒。山林里潮气很重，终年缺少阳光的环境形成了这里特有的景观，除了上层密密绿色树叶之外，地面和树干上还覆盖着厚厚的青藤和苔藓，在这如梦似幻的绿色世界里，瓦维洛夫兴致勃勃地穿过山林，拾捡采摘。走过一道长长的沟谷，瓦维洛夫猛一抬头，发现沟谷前方一堵令人目眩的绝壁赫然立在自己面前，光光的崖面上只有寥落的几簇小草和些滑溜溜的青苔，恐怕连野兔、山猫也难以攀越，更不用说人了。瓦维洛夫想了想，放弃了这种无谓的尝试，转到左侧的陡坡下，决定绕行而上。

瓦维洛夫抓住几根下垂的青藤奋力向上挪动，越往上越难行，往往要借助一棵棵树干吊住身体，双脚根本发挥不了多大作用。突然"咔嚓"一声，瓦维洛夫刚刚抓住的一棵碗口般的大树竟然拦腰折断了！原来这是一棵腐烂的枯树，因为有表藤苔藓作怪，不易分辨，使瓦维洛夫上了一个大当。就在枯树断裂的同时，瓦维洛夫惊叫一声向沟底滚去，这是几十丈深的岩石谷地啊！情况万分危急，瓦维洛夫在快速滚落的过程中，头脑非常清醒，他急欲抓住点儿什么，可是在他巨大的向下冲力作用下，两次抓住的青藤都拉断了，一眨眼的工夫，瓦维洛夫已经滚落了好几丈。这时，他的手幸运地碰到了一棵树，瓦维洛夫立刻毫不犹豫地死死抓住，他的身体全都悬空了，随着山风剧烈地摆动着，身上带的那只铝质水壶被碰掉了，一直向深谷中坠去，许久才传来与岩石撞击"哐当"声。这一声响又惊出了瓦维洛夫的一身冷汗。他一点也不敢大意，手脚并用，好不容易爬过这段陡坡，等他坐在岩石上，定下心来喘口气时，才发觉自己的衣服已被刮得千疮百孔，双手没有一块完好的皮肤，脸上、身上多处擦伤，鲜血正一滴一滴地渗出皮肤。瓦维洛夫活动了一下全身，庆幸自己没受什么大伤，他简单地包扎了一下双手，又继续向前走了。

这一番惊心动魄的历险，浪费了瓦维洛夫的不少时间。正午过后不久，寂静幽深的山林里很快已笼上了一层薄薄的暮色。瓦维洛夫抬头看了看，时间不早了，山林里开始浸出了一丝凉意，他不由得加快了脚步。经常在外旅行的人都知道，晚上在山里迷路、过夜是相当危险的，丛林里的各种毒蛇猛兽随时可能危及人的生命，瓦维洛夫心里当然很清楚这一点。他拿出临别时村民送他的奶酪吃了一些，觉得浑身又充满了力气，心里也踏实多了。然后，他又取出指南针，校正了自己的方向，据村民的介绍大致判断了一下自己所在的位置，就继续前进了。

　　天几乎完全黑下来了，瓦维洛夫只能凭借微弱的月光赶路，又走了一个多小时，树木开始逐渐变得稀疏矮小，瓦维洛夫知道自己正在接近森林的边缘。再往前走一段路，皎洁的明月和漫天星斗织成一幅美丽和谐的图画，突然生动地展现在他的眼前，瓦维洛夫感谢上帝又让他回到这个温暖的世界中来，他挺直脊背，迎着柔和明亮的灯光，大踏步地走向不远处那个正在升起缕缕炊烟的村庄。

　　欧洲之行结束后，瓦维洛夫的身体和意志，经受住了严峻的考验，亲人和朋友听了他的惊险故事，都为他的安全深深忧虑，可是谁又能阻止瓦维洛夫不断地向科学高峰迈进的脚步呢？为了确定栽培作物的起源中心，1924年，瓦维洛夫决定亲自去阿富汗南部的卡菲里斯坦，寻找小麦的故乡。卡菲里斯坦是一个山地省，以前从来没有欧洲人从这里走过。这里不仅地势险要，地形复杂，而且居住在这里的部落居民还处于野蛮时期，居民们保持着极端封闭的古老传统，对于白人怀有很重的戒心。可是为了收集大量当地品种，以及其近缘野生种，通过科学分析，弄清每个种的变种和类型，瓦维洛夫决定只身涉险。幸运的是，当他刚进入这一地区，就碰到了一支商队。这支骆驼商队也要穿过卡菲里斯坦，于是瓦维洛夫决定与他们同行。

由于地形起伏很大，林莽绵延，驼队行进的速度逐渐慢了下来，又往前走了一会儿，山路愈发狭窄，一侧是高山，一侧是悬崖峭壁，人和骆驼都紧张地贴在岩石上，缓缓地向前蠕动。瓦维洛夫很老练地摸索着岩石的缝隙，尽量保持身体平衡。过了这段路，驼队稍作休息。商人们三三两两地过来和瓦维洛夫攀谈。因为语言不通，瓦维洛夫一边做手势，一边简单地介绍了自己的工作。商人中有两个人能讲一点儿英语，瓦维洛夫给他们讲述自己的考察经历，这两个人再转述给其他人，这些经常远行贸易的商人们都对瓦维洛夫钦佩不已。瓦维洛夫对祖国的忠诚，对科学的狂热感动了在场的所有人。就这样，一路上，瓦维洛夫成了他们的好朋友。

白天过去了，夜幕降临时，驼队来到了一个当地居民部落的边缘。山地人对这些不速之客一点儿也不友好，他们用怀疑和敌视的目光看着这些商人，拒绝商队靠近他们的房子。商人们知道想说服这些野蛮人是根本办不到的，就在距部落较远的地方，搭起了临时帐篷准备过夜。高大凶猛地山地人拿着粗大的棍棒，瞪着鹰一样的眼睛在帐篷附近来回走动，商人们稍有活动，他们立刻眼冒凶光，发哇哩哇啦的怪叫。瓦维洛夫几次想去和他们试着交流，都被商人们阻止了，他们是担心瓦维洛夫的安全。吃过晚饭，沉重的疲倦压倒了众人，大家很快进入了睡梦之中。帐篷里有些闷热，瓦维洛夫睡不着，他不想惊醒别人，独自悄悄走出帐篷，一轮明月挂在深蓝色的天空，四处望去，山峦绵延不绝，瓦维洛夫觉得有一种威压感，他很想找个人说说话。就在这时，部落里忽然起了一阵小小的骚动，似乎是发生了什么事。瓦维洛夫好奇地走了过去，他忘了那些商人的叮嘱，刚走近一所山地人的房子，突然，从两侧跳出两个大汉，一把抓住瓦维洛夫，按倒在地，绳捆索绑，推进了屋里。瓦维洛夫愣了半天，才反应过来。他抬头看了看四周，屋子里的设备极其简陋，只有几个木桩充当凳子，还有一些木制的容器。凳子上坐着一个表情严肃的老头，床上躺着一个十岁左右的男孩。那个老头开始用当地的话对瓦维洛夫发问，瓦维洛夫一句也听不懂，他只能不断地做着各种手势，试图说清楚自己是一个考察的学者，对他们决无恶意。也不知那个老头看懂了没有，总之他不再发问，只是用手指了指床上的男孩，表情十分焦急。瓦维洛夫心想："也许是这个孩子病了，我怎么才能帮助他们呢？"他刚往床前走了两步，后面立刻有人揪住他，那个老头摆了摆手，示意瓦维洛夫走过去。来到男孩身边，瓦维洛夫发现这个男孩长得很清秀，不像屋子里其他人那样面目凶恶，可他正发着高烧，嘴里还不断地说着什么。瓦维洛夫转过身对那个老头点了点头，从口袋里拿出一个药瓶，取了两片，看着那个老头，屋子里的其他人拼命摆手，哇哇地叫着，老头好半天没说话，最后他看了一眼昏睡的男孩，对瓦维洛夫点了点头，瓦维洛夫把药给孩子喂下去以后，又被捆了起来。一直到天快亮时，床上的男孩醒了，他慢慢地坐起来，对老头说了句什么，不一会儿，有人送了一木碗粥进来，男孩很快把粥吃完了，屋子里的人高兴得又唱又跳，瓦维洛夫也很高兴。老头走过来，亲自把绳子解开，又叫人拿了一些吃的东西给瓦维洛夫，并亲自送他回到自己的帐篷。商人们正在那儿发愁呢，他们以为瓦维洛夫再也回不来了，纷纷为他叹惜。山地人对商队的态度简直是一百八十度的大转弯，又帮他们喂骆驼，又请他们到家里去坐。瓦维洛夫后来才知道，原来他医治的男孩是那个部落首领的孩子。

　　由于一夜未睡，早晨要上路时，瓦维洛夫发觉自己浑身无力，一个商人很有经验地说："你是不适应这里山地的环境，还可能是某种植物过敏，不要紧，山地人有很多草药，用水煮煮服下，休息一会儿就没事了。"整个驼队休息了半日，山地人不停地来探望瓦维洛夫，睡了一大觉儿，瓦维洛夫觉得好多了，商队决定继续前进。部落的居民都出来相送，一直走出老远了，瓦维洛夫回头，发现那些人仍在原地遥望着他们，他的眼睛一下子湿润了。

因为在山地省考察期间，当地食物使瓦维洛夫的胃功能严重失调，他不得不暂时终止外出考察。

1925年末，瓦维洛夫面对另一个难题了，那就是自己的婚姻和爱情。

瓦维洛夫和叶卡捷琳娜·尼古拉耶夫娜·萨哈罗娃结婚15年了，他们有了一个聪明可爱的儿子奥列格。妻子、儿子一直住在莫斯科，和亲人们住在一起。瓦维洛夫为了工作，不得不留在彼得格勒。萨哈罗娃是个聪明、有教养的女人，但是为人严厉，极爱发号施令。两个人在生活方式上有着重大差异。瓦维洛夫每次回到莫斯科，总是把自己的朋友招到一起，一谈就是深夜。他还常常把钱送给穷困的同事，却又不记得送了多少，送给谁了。萨哈罗娃对这种毫无秩序的生活忍无可忍。瓦维洛夫再回到莫斯科时，就常常听到萨哈罗娃的尖刻指责了。瓦维洛夫总是一言不发，默默地听着妻子的抱怨，并且尽己所能地关心这个家和心爱的儿子，他不断地给儿子买礼物，把奥列格送到夏令营去过夏天，同时也邀请妻子，可是每次萨哈罗娃都毫不犹豫地拒绝了，她不愿意离开莫斯科。

就在瓦维洛夫和妻子的感情逐渐消失时，一个充满朝气、活泼可爱的少女来到瓦维洛夫的身边。她就是叶连娜·伊万诺夫娜·博鲁利娜。瓦维洛夫教授的第一名研究生。叶连娜是个地道的伏尔加河人，出身于萨拉托夫一个森严的宗教家庭。父亲极力反对她到彼得格勒来，可她还是克服了重重困难，勇敢地离开了父亲的庇护。尽管后来她在这个陌生的城市里，遭遇了许多不幸，但她没有后退，也从未后悔过。

来到彼得格勒后，叶连娜把自己完全交给了实验室，做实验、记笔记、埋头于书本，帮助瓦维洛夫整理文稿，渐渐地，叶连娜一往情深地爱上了瓦维洛夫，她开始在工作之余，无微不至地照顾瓦维洛夫的生活。教授被温柔、美丽、聪敏的叶连娜感动了，他也从心底深处深深地爱上了这个充满生命活力的少女。1926年的春天，彼得格勒像一个熟睡的孩子刚刚醒来，调皮地向人们撒着骄。爱情，伟大真挚的爱情，使瓦维洛夫这位出色的教授似乎又年轻了十岁，他的精力更加充沛，文思泉涌，人们一致承认他才华横溢。瓦维洛夫终于下决心结束自己已经冷却的婚姻，并且勇敢地公开了与叶连娜的爱情。人们都为他们高兴，同时热切地期待着一个热闹的结婚典礼。可是，没有时间举行什么隆重的仪式，"新郎"瓦维洛夫正在准备一次更艰苦、更漫长的考察。叶连娜依依不舍地为心爱的老师准备行装，1926年夏初，瓦维洛夫踏上了去欧洲、亚洲、非洲为期一年多的旅程。

茫茫的撒哈拉沙漠上空，一架客机正穿越淡淡的霞光，自由滑翔。

瓦维洛夫放下手中的书，凝神向外望了望，机窗外薄薄的云，流动飞扬着，像一幅画。想着这次非洲之行可能取得的重大的收获，瓦维洛夫脸上浮现出常见的孩子般的微笑。

突然，机身的一翼传来一阵剧烈的抖动，紧接着，整个机体开始大幅度的倾斜。机舱里的人们不约而同地发现了惊叫声。瓦维洛夫脸上的笑容消失了，他的表情瞬间变得非常严肃。所有人都意识到，这架飞机可能遇上大麻烦了。飞机抖动得越来越厉害，忽升忽降，时左时右，高度越来越低。法国飞行员格雷拼命控制着驾驶盘，开始时，他以为不过是遇到了一股强大的气流，可是时间一秒一秒地过去了，飞机像喝醉酒的人一样摇摆了，情况越来越危急，座舱仪表除气压高度表、发动机温度和转速表外，全部失灵。各式各样的指示灯象在"跳迪斯科舞"一样死命摇曳着。警灯闪烁，红光把格雷的眼睛刺得疼痛难忍，气氛紧张到了极点。又是一个巨大的俯冲，座舱里的人都被弹离了座位，到处乱撞，飞机继续以惊人的速度下降着，汗珠爬满了格雷的脸颊。

瓦维洛夫最先镇定下来，用他惯有的低沉有力的声音对周围的人说："大家不要慌，准备好降落伞，一旦情况紧急，马上离开机舱，现在先在座位上坐好，系好安全带，避免受伤。"

飞机左右摇摆着接近了地面，格雷果断地关车，关电门、飞机以雷霆万钧之力压向地面。就在与地面接触的一刹那，飞机猛一颠，又悬空了。格雷拼死命地把驾驶盘往回拉，使机头高高翘起，他要等速度慢了再把它放下去，飞机在茫茫大沙漠上，风驰电掣般地向前滑跑。突然，迎面出现一个大沙丘，再想把飞机拉起来已经来不及了，格雷眼一闭，心一横，双腿蹬满舵，用尽平生力气把驾驶盘一推到底。他想象着飞机触到沙丘时烈焰冲天的情景，难过得浑身颤抖，然而，奇迹发生了，飞机竟然稳稳地停住了，机头距离沙丘仅有三四米远。几秒钟后，机上的人仿佛大梦初醒，一齐欢呼。瓦维洛夫喊了一声："大家快点儿离开飞机！"

瓦维洛夫和格雷最后跳下飞机，格雷因为极度紧张和惊惧显得有点儿疲惫不堪，瓦维洛夫的脸上却已经看不到刚刚经历了一场与死神较量的痕迹，又恢复了人们熟悉的微笑。

就在人们惊魂稍定，相互庆幸时，沙丘后面，突然传来了几声野兽的吼叫，人们很快就发现不远处有一个狮子洞，两头高大的雄狮，正威风凛凛地站在洞口，向这里张望。像一桶冷水浇头，刚从死亡线上挣扎回来的人们，又把心提到了嗓子眼。好在，这两头狮子似乎并没有想过来饱餐一顿的迹象。格雷在和他的助手一起抓紧时间检修飞机，瓦维洛夫组织人们搭起临时帐篷，又准备了几样简单的武器，以防猛兽突然袭击。看来，在这荒无人烟的大沙漠上过夜是无法避免的。

大漠的落日格外壮观。瓦维洛夫站在帐篷外，一动不动，脸上的光辉与金色的晚霞交融在一起，庄严而且神圣。

夜色悄悄降临了，瓦维洛夫燃起了一堆篝火，野兽在不远处的黑暗中走来走去，时而发出低沉的怒吼，在静夜中，一直传到很远很远的地方，更给这些不幸的人们心里平添了几分恐惧。瓦维洛夫细心地守着火堆，望着跳动的红红的火焰，想到自己将要采集的作物品种，可能为祖国农业发展开创更广阔的前景时，他的脸上又浮现出了那种常见的孩子般的微笑……

当瓦维洛夫快进入叙利亚境内时，正赶上德鲁兹人为反抗暴政、争取自由举行大规模的起义。国土上大部分地区弥漫着硝烟战火。街上冷冷清清，很少有行人。被烧毁的房子的断壁残垣沉默地诉说着战争的残酷。

正是金秋时节，风吹起金色的麦浪。让人在枪炮声中感受到了一缕难得的平静和温馨。炮火封锁了人与人之间的交往，瓦维洛夫独自一人在呼啸的子弹声中，穿过城市，到田野里去收集麦穗。这些颗粒饱满的麦穗对瓦维洛夫有着极大的诱惑力。为了让优秀的麦种在苏维埃国土上扎根落户，瓦维洛夫从不计较个人的得失和安危。

第二天，瓦维洛夫逐渐接近了起义军的炮火密集区。他小心翼翼地绕过大路，弯着腰进入一片麦田。刚直起身想观察一下麦穗的普遍情况，突然，一声震耳欲聋的巨响，一颗炮弹落在他旁边不远处爆炸了，巨大的气浪把瓦维洛夫冲出了一丈多远，摔倒在地上。过了好一会儿，瓦维洛夫才狼狈地爬了起来，活动一下手脚，觉得除了额头磕起一个大包以外，其他部位没什么大问题，不由得暗暗庆幸。抖掉了身上的尘土，瓦维洛夫开始一丝不苟地鉴别、采摘麦穗。终于在德鲁慈人的枪林弹雨中完成了任务，瓦维洛夫把几乎是用生命换来的种子寄回国内，自己又向下一个目标前进了。

……瓦维洛夫带着驼队在沙漠中穿行。还有一些马匹，驮载着他收集的植物种子、标本等东西。驼队过后，留下一长串足迹，延伸向遥远的天际，直至淹没在漫漫黄沙和苍茫浩渺的白云深处。瓦维洛夫与同行的人热切地交谈着，说起各种作物的起源中心，瓦维洛夫简直是滔滔不绝，如数家珍。

他说："这些起源中心是相互被沙漠或山脉隔开的，这种地理隔离区促成了植物区系的独立发展。原始时代的人越过这样的沙漠和高山是极困难的。在这种情况下，各个隔离区产生了自己的农业。"说到这里瓦维洛夫似乎想起了什么，陷入了久久的沉思。只有叮叮当当的驼铃依旧一路响着，给寂寞的行程添了些情趣。

经过一个沙丘，前面又是一个更大的沙丘，人和骆驼都累得筋疲力尽。驼队终于缓慢地接近了蓝尼罗河沿岸，瓦维洛夫刚想告诉大家休息一下，忽然从身背后传来一阵急促的马蹄声，一队人马冲到驼队前，荡起漫天尘土，拦住了驼队的去路。马上的人个个身披黑色大氅，身材魁梧，表情凶恶，有的人手里拿着雪亮的尖刀，有的人提着长枪，勒住马缰，瞪视着瓦维洛夫等人，仿佛一群凶神恶煞从天而降。

瓦维洛夫一看就明白了，这是一伙强盗。这些强盗专靠在沙漠中劫持财物为生，个个都是亡命徒。果然，马队为着首的人说话了，态度极其蛮横："都给我乖乖地站在一边，谁也不准乱动，谁动，老子就打死谁！听见没有！"说完，回过头叫手下人去牵马匹和骆驼。这边的商人被突然发生的事惊得目瞪口呆，一个个浑身发抖，不知该如何是好，但还是下意识地拦住了过来抢劫东西的强盗们。

那个匪头显然被激怒了，他更凶狠地叫道："快给我让开！不然，老子把你们全打死，一个不留！"人们还是原地不动，双方僵持了几秒钟，匪头举起手里的枪，对准了站在前面的一个人。

瓦维洛夫忙大喊一声："别开枪，有话我们慢慢商量！"强盗头看了看一脸郑重的瓦维洛夫，挥转枪口对着他说："你有什么话，快说！"

瓦维洛夫迎着黑洞洞的枪口往前走了几步，来到匪头马前，平平静静，和和气气地说："各位好汉，我们是来这里考察旅行的学者，什么财物也没有，马上驮的是我采集到的植物种子和标本。这是几匹马和骆驼也不是我们自己的，你们如果全部拿去，我们就无法再继续工作了。我们来到这儿，是受当地政府保护的，你要是杀了我们，不但得不到什么好处，可能还会惹起不必要的国际争端，也给你们自己招来杀身之祸，我看，你们不会不明白这个道理吧？我知道，你们也要活下去，我愿意把我们身上带的一点儿钱，还有一些从国内带来的东西送给你们，请你们高抬贵手，放过我们！"瓦维洛夫说完了，仍旧站在原地，诚恳地注视着匪头。

强盗们也都听到了这番话，又翻了一下马背上的东西，确实没什么值钱的，就纷纷上了马。

匪头想了想，用枪指着瓦维洛夫说："好吧，就按你说的办，去把所有的钱拿来，不许耍滑头，小心你的脑袋。"

瓦维洛夫沉着地走回到自己的队伍，取出一部分钱交给匪头，匪头大概也被他的冷静镇住了，接过钱，打了声唿哨，带着他的几十个弟兄飞马而去，又荡起一路烟尘，渐渐消逝在沙丘背后了。

强盗走后，驼队的人才开始七嘴八舌地感叹，都夸瓦维洛夫像个真正的外交家，这次能保住性命完全依赖于瓦维洛夫谈判成功。

瓦维洛夫谦逊地笑了笑说："其实他们拿枪对着我时，我的腿也在发抖呢，我只是不情愿就这么稀里糊涂地丧了命。"

1927年，瓦维洛夫踏上了他向往已久的中国国土。中华民族的古老文明一直像磁石一样吸引着瓦维洛夫，他几乎是带着崇敬的心情踏上青藏高原的。这一年，正值中国革命战争时期，内忧外患，连年战火，把中华大地折磨得憔悴不堪。瓦维洛夫站在世界屋脊上，背靠青山，以一个科学家的正直和勇敢期待和呼唤着世界和平。

瓦维洛夫走遍了中国西部地区，获得了许多珍贵的资料。一个月后，他决定横渡海峡到台湾去。

一个风和日丽的日子，瓦维洛夫登舟东去。海面上风平浪静，白帆与振水相映，海鸟绕船盘旋，瓦维洛夫静坐船头，体会生命中难得的片刻怡静与舒适。回想起这几年自己奔波世界各地，没有机会带儿子和心爱的人一起游乐，生活像上紧了发条的钟摆，动荡不定，瓦维洛夫一时间竟生出了许多感慨。可是，他很快又想起了自己的研究所，想起了祖国的农业建设，瓦维洛夫在心里默默地对自己说："总要有人付出，总要有人牺牲一些什么的，不是吗？事业总要靠大家去干，努力吧！"

船继续平稳地向前行驶着。海面上忽然起风了，又过了一会儿，刚才还是如洗的晴空，不知什么时候已经铺上了一层铅灰色的云。风愈来愈大，船在海浪的起伏中颠簸着，瓦维洛夫抓紧了船舷，默默地祈祷这场风暴快些平息。可是，老天爷似乎一定要和他作对，乌云愈来愈厚，愈来愈低，大浪一个接一个地压了下来，这条船像一只断线的风筝在茫茫的海面上旋转、挣扎，一会儿被抛上浪峰，一会儿又跌入谷底。瓦维洛夫拼命地抓住桅杆，船板上的一些散乱的东西被甩了出去，转眼就被汹涌的海水吞没了。一体船员都在和这场意外的风暴较量着、对抗着，突然，半空中一个霹雳，下起了瓢泼大雨，海面上顿时腾起无数水花，雨雾连成了片，什么也看不见了，这一切都发生在瞬息之间，瓦维洛夫想回到船舱中去，可是他刚一转身，脚下一滑，想抓船舷没有抓牢，船身倾斜之际，瓦维洛夫竟一头栽进了茫茫的大海之中！他在水中拼命地挣扎着喊救命，一边努力地靠近船身。船上的人发觉有人掉进水里了，忙向水里抛掷救生圈，瓦维洛夫被暴雨击打得晕头转向，他听见船上的人喊"抓住救生圈，快！抓住，就在你前面！"可他已经一点儿力气也没有了。他只是机械地摆动着双臂，渐渐地和船的距离愈来愈大了，当他看见船上人影一闪，接着听见一个人落水的声音后，就完全失去了知觉。

等到瓦维洛夫醒来时，天已经晴了，海面又恢复了平静，前面不远处，一个墨绿色的岛屿正逐渐展现在他的眼前。

瓦维洛夫在台湾岛考察了水稻和各种经济作物，收集到了一些世界其他地方没有的珍稀植物标本。然后他又转道去了日本、朝鲜。在日本学者家里，瓦维洛夫学会了日本的茶道，对他们待客的礼节印象颇深。在越前地区考察时，瓦维洛夫还拜访了那里有名的竹偶艺人，制作精巧的偶人使瓦维洛夫爱不释手，那位艺人听说站在自己面前的是一位走遍世界的大学者，忙选了两个最好的偶人送给瓦维洛夫，请他带回家去，并在世界各地为自己做宣传，艺人说他不是为了钱，他只希望自己做出来的东西能给别人带去欢乐。瓦维洛夫很受感动，郑重地答应了他的请求。

离开朝鲜、日本，瓦维洛夫完成了他历时一年多的考察任务，返回了彼得格勒。

30年代初，瓦维洛夫决定去南美寻找国内急需的战略原料——橡胶植物小灌木：银胶菊，还有另一种极有价值的作物——金鸡纳。

瓦维洛夫走遍了南美的十几个国家，受到当地政府的友好接待。在和外国学者、官员交往的时候，瓦维洛夫从来没有忘记自己是一个俄罗斯人，在他心灵深处，隐藏着他独特的、个人和祖国命运休戚相关的感情。无论他的足迹到达哪里，他的心永远与自己的祖国血脉相连。为了祖国的强盛，瓦维洛夫不在乎牺牲自己的一切。

瓦维洛夫走了很多个地方，都没有找到自己想找的东西。因为银胶菊和金鸡纳在南美是两种受保护的作物，境外的人很难通过正常途径弄到，瓦维洛夫决定翻越安第斯山，自己悄悄地去寻觅。

安第斯山是美洲最大的山，纵贯南北，山势险要，森林茂密，野兽毒蛇出没其间。一般的探险家都不愿意孤身一人攀登，瓦维洛夫鼓足勇气，带上足够的食物、手电筒、匕首、猎枪等必备用品出发了。

安第斯山上生长着繁茂的热带丛林，荆棘、藤萝、青苔阻挡着瓦维洛夫的脚步。他一面用匕首割断妨碍他前进的青藤，一面抓着断藤向山上攀登。几天后，到达山顶时，瓦维洛夫已经累得上气不接下气了，他拿出吊床，打算系在树上，好好休息一下再下山。刚刚接近一株大树，瓦维洛夫突然听见一种奇怪的声音，他抬头一看，顿时吓得魂飞魄散！一条碗口粗的大蟒盘在树上，正嘘嘘地向他吐着红色的蛇芯，瓦维洛夫感到自己的呼吸就要停止了，他想跑，可是还没有等他转身，那条大蟒已经"嗖"地一下窜到他的面前，瓦维洛夫下意识地举起了双手，只1秒钟的工夫，大蟒就把瓦维洛夫缠了个结结实实。瓦维洛夫感到呼吸困难，胸部被勒得疼痛难忍，他努力挣扎着，企图摆脱这种缠绕，可是他越动，大蟒缠得越紧！瓦维洛夫突然发现自己手里正拿着那把锋利的匕首，这是自己刚才要去挂吊床时就拿在手里的，惊慌之中竟忘了使用！瓦维洛夫用尽最后的力量向大蟒的咽喉划去。一股腥臭的血喷溅在绿色的草地上，大蟒狂怒地扭动着身子，瓦维洛夫拼命地在大蟒身上乱扎乱划，大蟒挣扎了一会儿，头渐渐地垂下去，瓦维洛夫也窒息昏死过去了。过了很久，瓦维洛夫才一点儿一点儿苏醒过来，如果不是大蟒的尸体就在旁边，瓦维洛夫还以为这一切都是一场噩梦呢！他静静地躺在地上，仰望蓝天，一动也不想动，任凭湿热的潮气慢慢地浸透自己的衣服、皮肤，以至心灵。这一刻的瓦维洛夫，是那么的孤独、寂寞，是那么的疲倦和脆弱！

下了山，来到太平洋东海岸一座美丽的小城时，瓦维洛夫又恢复了乐观和自信。他在一些小市镇间穿行，感受着浓郁的印第安文化气息，甚至还结交了一些土著部落的居民。在一个热闹的小市场里，瓦维洛夫无意中发现了他追寻了千万里、梦寐以求的两种作物的种子，也许是秘鲁南部的这个小镇从没有外国人来过，所以才允许在市场上随便交换金鸡纳的种子。瓦维洛夫简直有些欣喜若狂了，可他终于还是按捺住激动的心情，平静地走过去，先买了很多别的种子，然后才挑了一些金鸡纳和银胶菊的种子包好。第二天，这些种子就已经加快寄回了彼得格勒的全苏作物栽培研究所。

……

瓦维洛夫旅途中发生的惊险的故事还有很多，每次他和亲人，朋友讲起这些事时，都像在讲述别人的经历，的确，经历本身对于瓦维洛夫这样一个伟大的生物学家来说是微不足道的，完全不值得向这个世界炫耀，也没有必要大写特写。是的，可是我还是忍不住了，这些经历可以让青少年和我们一起来回味一些什么，思考一些什么，不是吗？

辉煌的科学成就

应该说，这十年间，瓦维洛夫的大部分时光是在旅行考察中度过的。可是，他回到国内，留在家里休息的日子又有多少呢？所有的那个时代认识瓦维洛夫的人们，都可以异口同声地告诉您：没有，一天也没有！瓦维洛夫的一生从来没有假期！

在20世纪20年代的苏联，瓦维洛夫是个少有的幸运儿。他不仅克服了重重困难，逃过了无数次死神的威胁，成功地完成了他的旅行考察任务，掌握了20多万份材料，其中36000份小麦，10022份玉米，23636份豆类，23200份禾草，17955份蔬菜和12650份果树，这些材料分别在各试验站种植，进行细胞学和遗传学分析，以及杂交和育种试验，这些研究资料成了他大量学术著作的坚实基础。在这十年里，瓦维洛夫在生物学、遗传学方面取得了惊人的成就，而且他还成为苏维埃共和国农业建设中的领导者。

1921年，果戈尔死后，瓦维洛夫到彼得堡代替他成立应用植物处处长。三年后，当选为苏联科学院通讯院士。

1925年夏天，瓦维洛夫在彼得格勒和莫斯科之间来回奔跑，受命组建全苏实用植物学研究所。

7月20日下午3点，在克里姆林宫俄罗斯耶邦人民委员会的会议大厅里，召开了全苏实用植物学和新作物研究所的第一次会议。大厅里挂满了各式图表，装饰着生机盎然的极为珍贵的栽培作物。苏共中央执行委员会主席切尔维亚科夫同志出席了会议；参加会议的还有各加盟共和国的代表，最著名的院士、教授，国家机构的代表，以及在植物学和新农作物领域中工作的有实践经验的专家们。

切尔维亚科夫同志致祝词，他说："实用植物学和新作物研究所是根据列宁的遗训创建的，并且是为纪念苏联的成立而建立的。"

接着，列宁生前的私人秘书，人民委员会办公厅主任尼古拉·彼罗维奇·哥尔布诺夫向出席会议的人详细地讲述了列宁的这一愿望："还是五年前，列宁偶尔读到了哈伍德的《复兴的土地》一书，随即产生了一种强烈的想法，要把美国育种家和农业家的成就立即引入苏联"。哥尔布诺夫微微沉默了一会儿，显然是陷入了深深的回忆，在场的人也都被他的叙述感染了，人们一边缅怀伟大的领袖，一边憧憬着美好的未来。很快，大厅里又响起了哥尔布诺夫庄严的声音：

"为执行弗拉基米尔·伊里奇·列宁所作的关于复兴农业的遗训，我宣布在苏联组建中央农业研究所，目的是联合科技和实践的力量，以最快的速度发展和提高共和国的农业。"大厅里掌声雷动，人们握手相庆，喜悦的心情溢于言表。

哥尔布诺夫接着宣读研究所组建人员名单，这些人从今以后，将受命去领导国家的农业科学建设。

"所长——尼古拉·伊万诺维奇·瓦维洛夫教授，具有国际声望的学者，在农业、遗传学等方面取得了辉煌的成就，为我们共和国的发展做出了卓越的贡献，无论在我们苏联，还是在西欧和美国都享有巨大的科学威信。"

"副所长……"

"科学和劳动者的联盟万岁！"大厅里又一次响起了人们震耳欲聋的欢呼声，瓦维洛夫眼里含着激动的热泪，也情不自禁地加入了这欢呼者的行列。

又过了一年，瓦维洛夫出版了他的《栽培作物的起源中心论》。这一理论其实早在1924年他已经提出过了。现在，系统的理论著作一发表，就赢得了全国以至全世界的高度评价。不仅在科学杂志上，而且在普通的出版物上，都在谈论这本书。

在这本书里，瓦维洛夫用来确定栽培作物起源中心的方法主要是植物的地理分仪分类法。用这种方法，瓦维洛夫发现许多作物的起源地集中在几个地方，他把这些地方称为起源中心。1926年他提出了5个起源中心（10年后增加到8个）。作物起源中心学说不仅展示了作物起源和进化的过程，而且也指明了作物多样性的集中地。至今，这一学说对世界植物遗传资源的收集和利用仍具有指导意义。

瓦维洛夫的这本书的成就几乎是不言而喻的，人人都在谈论它，称赞它。著名文学家马克西姆·高尔基说："最近几天，我听到人们都在谈论瓦维洛夫新出版的一本书，就去找来认真读了两遍，而且仔细查阅了他编制的苏联农业地图。瓦维洛夫所做的这一切对于我们共和国实在是太重要了，他真是一个有才能的了不起的人！……"

苏维埃共和国也看到了这位优秀学者的重大贡献，政府授予他国家最高奖金——列宁奖金，并且在这一年，瓦维洛夫还被选为国家最高机构全苏中央执行委员会的成员。

10月8日，瓦维洛夫在国外考察的旅途中，从耶路撒冷给妻子写信说："我在《时代》报上读到了获得奖金的消息。你知道，奖金本身并不使我感兴趣，反正一切都属于无产阶级。但我很受感动，因为共和国在关注我们，我们有责任而且必须加倍努力，取得更大成绩。"

1927年9月，第五次国际生物遗传学大会准备在柏林召开。会议组织者诚恳地邀请瓦维洛夫参加会议，并在会上作学术报告。瓦维洛夫把自己的论文《栽培作物品种资源（遗传因子）的世界中心》又作了一遍系统整理，重新查对了有关资料，然后背负着国内同行的重托，充满信心地登上了飞往柏林的客机。

瓦维洛夫一走进会议大厅，大厅里立刻响起了热烈的掌声。世界生物学界早在1925年起已经完全承认了瓦维洛夫教授是第一流的天才人物。这不仅是对他个人的评价，也是对这些年中在他领导下的农业学、植物学、生物遗传学、生理学和苏联栽培作物地理学的科学水平的高度评价。人们都在期待着瓦维洛夫给大会带来他最新和科研成果。

瓦维洛夫在众人热情的注视下快步走上讲台，他微笑着环视了一下整个大厅，向在座的各国生物遗传学界最优秀的专家学者深深地鞠了个躬，然后用特有的低沉有力的声音开始了他的学术报告。

……

到这里，瓦维洛夫的报告结束了。他仍然面带微笑快步走下讲台。台下一片寂静，静得似乎连人的心跳都听得清清楚楚，过了几秒钟，仅仅是几秒钟，整个大厅里突然响起了暴风雨般的掌声，人们被一种伟大的激情鼓舞着，高喊瓦维洛夫的名字，这声浪冲出大厅，一直冲向蔚蓝遥远的天空。

瓦维洛夫谦逊地微笑着，挥手向人们致意，感谢人们对他的支持和赞赏。这次的成功也给他自己带来了极大的喜悦，瓦维洛夫的为自己的祖国骄傲。写给叶连娜的信中，瓦维洛夫说："我的心情很激动，我们的《栽培作物品种资源（遗传因子）的世界中心》没有遭到冷落，它在这次国际大会上超过了很多西方的著作，我们应该有信心取得更辉煌的成就。"

回到彼得格勒，瓦维洛夫把越来越多的时间和精力投入到自己领导的全苏应用植物和新作物研究所中去。1928年8月底的一天，暮色已经完全淹没了研究所的大楼。遗传学家亚·伊·库普佐夫放下手中的书，伸展了一下酸痛的腰，把大灯开亮。正在这时，门开了，尼古拉·伊万诺维奇·瓦维洛夫匆匆忙忙地走了进来。"我亲爱的朋友，打扰你了，我要为《农业国阿富汗》拍一些含油十字花科植物的照片。请你去杰茨科耶谢洛把它们取回来。"

库普佐夫拉过一把椅子，让气都没来得及喘一口的瓦维洛夫所长坐下来休息一下，然后点点头说："好的，所长，这些照片明天就会送到您那里。"

"不，不是明天，而是现在就去，可以吗？"

库普佐夫抬头看了看墙上的钟，时针正指向21点，他犹豫了一下，说：

"现在快9点了，最快我也要在10点或11点才能赶到杰茨科耶谢洛，大约在午夜方能返回来。再说，这深更半夜的，夜班能为我们拍照吗？"

"我已经和亚历山大·西多罗维奇摄影师说好了，他答应天亮前就把一切都办好。"尼古拉·伊万诺维奇态度温和地解释着。

"那好，我马上就去。"

库普佐夫立即起身前往杰茨科耶谢洛。在浓黑的夜色里，他回想起瓦维洛夫所长连夜工作的无数个日子，心里涌起了一种敬意和感动，不由得加快了自己的脚步。

不到两个小时，库普佐夫到达目的地。他叫醒了所需要的工作人员，拿着手电筒，去田野里采集瓦维洛夫所长指定的含油十字花科植物。然后经过细心挑选、修剪，送到摄影师亚历山大手中，摄影师正坐在自己的工作室里等候。一切都进行得非常迅速，第二天一早，拍好的照片已经放在瓦维洛夫的办公桌上了。他满意地点了点头，随即把这些照片拿去制版。

瓦维洛夫就是以这样惊人的速度工作着。不到两个月时间，他写完了具有极高价值的著作《农业国阿富汗》。

这样的事在列宁格勒（原彼得格勒，为纪念列宁改名）的农科所里真是再平常不过的了。一些晚归的人们经过研究所大楼时，常常会看到那里直到凌晨一两点钟还亮着灯光。正直勤奋的瓦维洛夫和他的助手们正按照自己善良的意愿为共和国努力工作着。

无数个休息日，瓦维洛夫和助手悄悄地从后门溜进研究所的大楼，管理员雅科夫列夫看见了总是大声地"责备"他们："星期天你们不好好待在家里养养精神，还要到所里加班工作，你们不要命了吗？"瓦维洛夫总是一脸温和的微笑，大声地和雅科夫聊着天气，还问起他的家人，然后，谈话不知不觉地过渡到了工作上，雅科夫列夫无可奈何地叹了口气说："看来不让你们工作，你们简直不知道还有什么可干的，去吧，可别干得太晚！"

一进入研究室，这些人就完全忘记了外面的世界和时间。很多个深夜，瓦维洛夫走进其他的工作室，大声询问:"喂,朋友们,你们这里有什么新情况?你们发现了什么新问题吗?讲讲吧!"也有时,他会提着一篮子甜点心跑进来,对大家说:"快休息一下,来吃点东西,多拿点儿,这是我刚从点心店里买来的,挺新鲜的!"

在苏作物栽培研究所在这段岁月里,一直洋溢着蓬勃的青春活力。瓦维洛夫和他的助手们都在愉快而积极地工作着。

时光长河不断流逝,生活每天都在发生着变化。而对瓦维洛夫这样一个夜以继日工作着的,脚步不停的人来说,时间过得尤其的快。

1929年,荣誉和权利像金色之雨一样纷纷倾泻到这个还不到42岁的学者的头上。在这一年中,瓦维洛夫当选为全苏农业科学院院士、乌克兰科学院院士、罗马国际土地研究所成员、全俄中央执行委员会的委员;苏联政府任命他为列宁全苏农业科学院院长和农业人民委员部的部务委员;罗马的国际农业研究所选举他为国际专家委员会的成员,而英国生物学家协会选举他为荣誉会员。

在全苏生物遗传学家和育种学家代表大会上,两千名代表向瓦维洛夫热烈欢呼,感谢他为共和国所做的一切……

在第十次党代表会议和第五次苏维埃代表大会上,瓦维洛夫的发言再次引起轰动，人们从他豪迈而又踏实的话语中受到了极大的鼓舞，……

荣誉给瓦维洛夫带来更大的压力，他每天只能在火车上或办公室沙发上睡四、五个小时，越来越繁多的事务性工作占去了他大量时间，瓦维洛夫变成了只会工作的机器人。

从这一年起，瓦维洛夫实际上成了列宁格勒和莫斯科这两个首都的居民。他生活得极度紧张和动荡，简直叫人难以忍受。没完没了的会议、旅行、考察，到为数众多的试验站和研究所去解答疑难，瓦维洛夫有一半时间生活在车厢之中。他在国际专列的包厢里买下两个位置，通宵达旦地读书和修改手稿。

瓦维洛夫在给朋友写信时说起自己的生活："按照最保守的计算，我已担任了18个职务，我太忙了，没有时间吃饭，睡觉，就是这样，工作仍然干不过来，一个接一个的任务压得人透不过气来，也许我会被压垮的。"瓦维洛夫像一只小船在刻不容缓的国家事务的急流中旋转、浮游……

还是在1928年时，瓦维洛夫和叶连娜·博鲁利娜正式结婚了，并且有了小儿子尤得。很多次，妻子叶连娜为心爱的丈夫整理考察用的箱子和各种文稿，默默地目送丈夫走出家门。看着丈夫高大的身影混入茫茫人海之中，两行滚烫的泪无声地从叶连娜的脸上滑落，滴到脚下的泥土上。

无数个节假日，叶连娜和刚刚两岁的小儿子尤里孤独地坐在窗前，看着太阳一点儿一点儿落下去，落下去，直到完全沉入地平线，无边的黑夜围绕着他们，压迫着他们，外面的喧闹离他们近在咫尺，可是相聚的欢乐离他们又是多么遥远啊！

瓦维洛夫为了祖国的农业发展，为了作物遗传学的进步，毫无条件、毫无保留地奉献着。叶连娜，深爱着瓦维洛夫的叶连娜同样在付出，她的付出更艰苦，更沉重。白天。她要在家里接待难以计数的不速之客的访问，她要尽量回答他们提出的各种问题，还要记录他们的请求和各种急需解决的困难。晚上，叶连娜不仅要做繁重的家务，而且还要写作自己的论文。丈夫在她心目中是神圣的，她愿意一生谦逊、忠诚地关心和帮助他。

李森科的发迹

20世纪20年代的瓦维洛夫是一个真正的幸运儿,他在科学领域和仕途上都取得了辉煌的成就。他成了一颗璀璨的明星,光芒万丈。但是,瓦维洛夫并没有陶醉在荣誉里面,他在工作,同时在思考。

事实上,在20世纪30年代的苏联,科学事业已经和政治紧紧地扭结在一起了。完全脱离政治的科学研究已经不复存在。那么是什么原因使幸运儿瓦维洛夫从科学的顶峰跌落下来,陷入政治的泥潭呢?

要想弄清楚这10年间究竟发生了什么事,我们必须从园艺家米秋林(1855－1935)、农艺师李森科说起。其实瓦维洛夫和他的浪漫主义学派(以全苏作物栽培研究所为核心)甚至整整一代学者的悲剧命运的序幕,在1929年农业被要求转向政治时就已经拉开了。

5年后,"先进的米秋林生物学"、"李森科院士的指示"、"米秋林的达尔文学说"、还有"我们不能等待大自然的恩赐"等等词句从一份报纸泛滥到另一份报纸。最初,人们还不了解其中的深层内涵,但是很快地,这类术语已经超出了科学范畴,获得了愈来愈大的政治意义。这些名词包含着"政治上的忠诚",米秋林学说成了国家对生物科学和农业的看法,对园艺家米秋林的理论的任何反驳或者怀疑都被看成是对苏维埃政权的攻击。

不幸的是,在30年代中期,瓦维洛夫宣布为最初的反米秋林分子之一。也就是说,他成了已故的伊万·弗拉基米罗维奇·米秋林的头号敌人。可是,事实上,在瓦维洛夫内心深处,他深深地崇敬着伊万·弗拉基米罗维奇这位为科学事业放弃了一切的老人。在后来的那段日子里,瓦维洛夫常常回忆起自己和米秋林第一次会面的情景……

那是在1920年9月的一天,秋高气爽,风清云静,应用植物学全国代表大会刚刚在沃龙涅什闭幕。大会的组织者、沃龙涅什的教授索克拉特·康斯坦丁诺维奇·恰亚诺夫建议客人们去参观一下离此地不远的小城科兹洛夫的果树苗圃。客人们三三两两地闲谈着,没有足够的热情,因为当时时局还有些动荡不安,况且又闹着饥荒,代表们急于回到自己的家里去。但是,恰亚诺夫坚持自己的意见,他弄来专用客车把农学家们从省城沃龙涅什拉到了县城科兹洛夫。

走进果树苗圃，人们都愣住了，这是什么样的工作环境啊！一间极其简陋的小木屋，一片荒凉的果园展现在这些农学家面前。习惯了斯巴达式的刻苦的地方试验工作者们毫不保留地表达了他们的惊讶之情。瓦维洛夫心里一阵酸痛，他什么话也说不出来，只是一个人默默地在园子里走来走去。

果园没有围栏，因为没有工人，无法把果园整理得井然有序。米秋林就是在这种家徒四壁的艰难环境中，单枪匹马地寻找优秀的杂交种。他没有钱来养家糊口，为了维持生活，不得不去干焊破桶和修理打字机的活。可是，并没有几个人知道他的试验、探索和艰辛的生活。这时的米丘森已经是一个65岁的老人了。看着这位满脸沧桑的科学老人，抚摸着心爱的果树，坚强地微笑，瓦维洛夫的眼睛湿润了。他在心里反复地说："我一定要帮助他，我要改善他的生活和工作条件。"

回到列宁格勒以后，瓦维洛夫开始极力宣传这位外省的园艺家。研究所与科兹洛夫果树苗圃之间的信件来往和作物交换愈来愈频繁了。瓦维洛夫竭尽全力地为米秋林争取了他从事研究所需要的一切物质条件。米秋林从心里往外感谢这位了不起的所长，他对自己的朋友不遗余力地夸奖瓦维洛夫，说他是一个真正热爱科学的人。

直到1932年6月，瓦维洛夫和米秋林有了第二次会面。瓦维洛夫带着大儿子奥列格兴致勃勃地到科兹特派员家做客。当然,客人不止这父子两人,农科院副院长亚历山大·斯捷潘诺维奇·邦达连科和国家农业出版社社长也一直关注着米秋林的研究工作,听说瓦维洛夫要来拜访米秋林,于是又约了几位专家一路同行。

瓦维洛夫和奥列格快步走进果树园时,米秋林正站在一座由于岁月剥蚀已经完全失去了光泽的木亭子旁边,夏日的阳光透过木亭洒落在他脸上、身上,这位精神矍铄的老人含笑迎候客人们的到来。瓦维洛夫和米秋林两个人的手再次紧紧地握在了一起。

伊万·弗拉基米罗维奇请客人们坐在一条长凳上,长凳就放在一排浓密的丁香树丛下清凉的绿荫里,然后转过身来,拍了拍戴着一顶大草帽、面容清秀的奥列格的肩头,亲切地问道:"小伙子,今年几岁了?"

奥列格愉快地回答道:"我已经12岁了!"

"不错,像是很有出息的样子,最好将来能和你爸爸一样,他可是个值得尊敬的人。"说到这儿,米秋林回过头笑着看了瓦维洛夫一眼,又对奥列格说:"好孩子,去园子里随便走走吧,看看园子里有什么好吃的东西没有。"

奥列格走到果林中去以后,米秋林开始和瓦维洛夫像老朋友一样叙着旧,两个人谈笑风生,似乎有些话已经积存了很久,不吐不快,谈生活,谈工作,谈各自研究中的新发现，谈世界生物遗传学理论的最新成果，其他的客人几乎都插不上话，等到两个人发觉时，都非常抱歉地笑了。

米秋林站起身来，走到樱桃树前，摘了一些樱桃回来，给客人们品尝。

尼古拉·伊万诺维奇拿起一颗樱桃，挤出一滴汁水，在阳光下仔细看了看，兴奋地高声说："红宝石，真正的红宝石，您真是太了不起了！"说着，情不自禁地把樱桃放在嘴里细细品尝，一边不断地点头："不错，很不错，如果能像您这样干，我们就能完成国民经济对培育农作物的所需品种的订货，伊万·弗拉基米罗维奇，我们就能在十年内把西欧和美国的育种家远远地抛在后面。尽可能快地和尽可能多地繁殖这种樱桃吧！……"

第二天黄昏，瓦维洛夫在动身回莫斯科之前又一次去看望了米秋林。米秋林在自己的工作室里接待这位亲密的朋友。瓦维洛夫充满感情地说："我在新创建的果园，果树苗圃、试验区、实验室和陈列馆中所看到的一切都是这么令人激动，令人振奋，这表明列宁关于您的工作的巨大意义的英明预言正在实现，我相信，科兹洛夫将成为世界育种学家向往的地方。"这次会面，两个人的友情更加浓厚了。

1934年9月20日，瓦维洛夫最后一次见到米秋林，是在庆祝这位著名园艺家从事科学活动60周年的纪念大会上。

瓦维洛夫首先代表科学院讲话:"科学院和我们科学工作者,我们大学都为我们中间有伊万·弗拉基米罗维奇·米秋林而骄傲。他的功绩表明,人应当怎样生活和怎样工作……"瓦维洛夫真心敬重米秋林,钦佩他所取得的巨大成就,所以在关于选举米秋林为苏联科学院荣誉院士的声明上,第一个签字的就是瓦维洛夫。

1935年6月7日,米秋林去世了。第二天,《真理报》发表了瓦维洛夫题为《功绩》的纪念文章。在文中,瓦维洛夫对米秋林的一生给予高度的评价:"他的著作贯穿着唯物主义的哲学,而他的许多立论都具有独创精神。米秋林在其所有的著作中都呼吁要有独立自主的精神,要从事创造性的工作。"

但是,瓦维洛夫对米秋林并不是一味的无原则地赞扬。正像柏拉图说的那样:"我爱我的老师,但我更爱真理。"瓦维洛夫是发自内心的尊敬米秋林,但他更尊重科学。所以,他对米秋林的有些不科学的东西也给了恰当的评价。

有这样一件事。一次,萨拉托夫的育种家秋米亚科夫访问科兹洛夫。助手戈尔什科夫问米秋林:"老师,我们什么时候去淘汰幼苗?"

"现在就去。"米秋林站起来,拿起自己的手仗首先走了出去。虽然上了年纪,但他仍然走得很快。来到幼苗林，伊万·弗拉基米罗椎奇停下脚步，蹲下身子在做着什么。秋米亚科夫奇怪地问："他在干什么？"

"他在做记号"。助手一边回答，一边走上前去，秋米亚科夫很感兴趣，也快步跟了过去。

伊万·弗拉基米罗维奇停在一棵小树旁边，用手摸摸幼芽，掐一掐叶子说："长大了，有点儿酸头，不过问题不大。"然后，从口袋里把准备好的铅丝取出来，凿上号码，把树苗围上，又走到下一株树前。

秋米亚科夫拉了拉戈尔什科夫的衣袖，悄声地问：

"这是年龄的影响？"

"不，对您说吧，我们也这样干过。不过，这就是他的经验。他凭感觉说：'有点酸头，不过，问题不大'，您瞧着吧，老头子不会搞错的。"

"那明天怎么干呢？"

"他已经打上5个记号了，这就是说，明天我要把它们移到别处去，剩下的树苗我们就刨出来扔掉。究竟是不是有点儿酸头儿，几年后就能见分晓，对您说吧，我们现在需要地。"

瓦维洛夫对这种做法显然是不赞成的。他在给果树栽培家西米连科的信中说："在伊万·弗拉基米罗维奇·米秋林的著作里，尽管有很大的功绩，但也有许多不科学的成分，这和美国的伯班克情况相同……"

特罗菲姆·杰尼索维奇·李森科1898年生于乌克兰的卡

尔洛夫卡村。他比瓦维洛夫小了11岁，先后在园艺家学校和基辅农学院读过书。毕业后，在别洛齐尔科夫斯克试验站工作。从1925年起，李森科转到阿塞拜疆的小城甘扎（今天的基洛瓦巴德）工作，在棉花研究所管理豆科作物。一年中大约每隔5天就播种一次。

我们无法否认，李森科总是善于给周围的人留下一个与众不同的印象。他的个子很高，干瘦干瘦，平时衣服上总沾满了泥巴。一顶鸭舌帽随随便便地戴在头上，干活时就会不自觉地歪在一边。他的同事们都说他是一个完全不注重外表的人。他的最大兴趣是不分昼夜地泡在田野里，不停地摆弄他的那些豆科作物。他对它们关怀备至，几乎对每一颗植物都熟悉和理解，好像他能够通过对话，使自己的情感深入到它们的灵魂之中去。他的那些作物因此"会想、会要、会爱、会痛苦"……

瓦维洛夫领导的全苏作物栽培研究所的研究人员也在甘扎的土地上进行自己的试验。有一次，瓦维洛夫无意中从助手那里听说了李森科，并且对他的试验十分感兴趣。瓦维洛夫喜欢独立思考和专心致志的人，李森科也许就是凭借这一点从一开始就深深地吸引了他。但是，他不知道这位来自甘扎的农业师根本没读过世界生物学文献（当然不懂外语是李森科无法阅读的主要原因）并且极为瞧不起遗传学家的研究。

有一次，李森科和研究所的同事爆发了一场大的争吵。多纳特·多尔古申教授在为自己辩解：

"我们在遗传学方面所做的工作不是太多，而是太少了，我们必须认真去做！"

"不对，你们搞的这一套都是有害的胡说八道！"李森科有力地挥了一下手，接着说：

"我们工作中的成就完全取决于我们能否迅速地把这一切都忘掉，忘得一干二净，赶快从这种麻醉中解放出来！"

人们都被他的话惊得目瞪口呆，张口结舌。过后，多尔古申和朋友们开玩笑说："李森科相信，从棉花种子里可以培育出骆驼，从鸡蛋里可以长出波巴布树……"

瓦维洛夫和李森科会面了。李森科滔滔不绝地阐述着自己的观点。

"人们通常认为需要冬眠以便来年开花结实的秋播作物，实际上并不需要任何休眠。它们不是需要休眠而是需要寒冷，稍为降低原有的温度，但不能低于零度，在这种低温下，它们可以不间断地生长，并结种子。而这种低温，即使在作物尚不是作物，还是刚刚萌动的种子时，也能起作用。因此，比方说，如果将秋播小麦的种子稍加浸润，在低温中搁置一定的时间后，在春天播种，它们就会像真正的春播作物那样正常发育成长，并在夏天长出好庄稼……"

李森科的方法给很多人激起了狂热的欣喜之情，他的很多朋友在各种场合宣传这一理论，说它是一项有巨大科学意义的发现。瓦维洛夫对"春化法"的评价要审慎得多，但总体上还是采取了鼓励和欢迎的态度。瓦维洛夫通常最不能容忍的就是生物工作者对生物学的无知，可是，不知是什么原因，他与李森科初次见面时却没有注意到李森科颇有见地的谈话中是怎样的漏洞百出。尼古拉·伊万诺维奇·瓦维洛夫认为李森科是有才华的，有独特风格的，这就足够了。农科院院长的这一评价已经为李森科未来的人生履历揭开了光明的一页。

时间过得很快，1931年，李森科从阿塞拜疆调到了敖德萨遗传育种研究所，并且把他在甘扎开始的试验也带到了那里。李森科正从敖德萨的试验站平步青云。

2月，瓦维洛夫留心观察了在从事试验的农业师的活动后，热情地邀请李森科在全苏农业科学院的主席团会议上作报告。这位年轻的农艺师依然衣着朴素，把自己试验的实质讲得实事求是，一点儿也没有夸张，甚至给人的感觉这发言干巴巴的，没有任何科技术语，但是正是这一点引起了科学院领导们的好感。李森科从不引述其他生物学家的著作，他靠自己天才的设想，在生物学领域划定了自己的势力范围。

瓦维洛夫注意到，李森科的思想没有发生任何重大进步，甚至连变化也没有。他为人们讲述的仍然是"春化法"神奇般的作用。

"许多品种的禾本科作用由于在大田环境中缺少合适的温度，在春播时不能转入结实期，或者转入得过晚，"李森科相当肯定地说："对禾本科作物进行的大量试验表明，可以在播种前给种子以在大田环境中缺少的合适温度，并以此来使作物在通常不结实的大田条件下结实。"李森科顽强地捍卫着自己的观点，他的执著使瓦维洛夫和全苏农科院主席团的成员感到高兴。

李森科大胆地提出上述观点，正是在苏联国家机器不断加速运转的时候。斯大林高举起政治的皮鞭，要求不惜一切代价，允许使用任何手段加速农业集体化进程。

在20世纪30年代的苏联，"速度"成了一个最时髦、最进步、最革命的词。对农业不断转向政治，没有人怀疑和担忧，相反，瓦维洛夫愉快地期待着研究所的共产主义化，他和苏维埃政权从来没有过任何分歧。

激情促使人们开始无边无际地幻想，浮夸和官僚主义也越来越严重了。但是，导致苏联农业悲剧命运的深刻原因在当时是没有人能够真正认识到的。人们都坚信不疑：共和国"刚刚开始造林"，任何困难都是暂时的。

瓦维洛夫在1931年3月的第六次苏维埃代表大会上，真诚地说："会有许多人看不到这座未来大厦的外形，看到它的只有建设它的人们。在周围，有许多乱七八糟的东西和垃圾，某些地方还很泥泞，这在任何工地上都是常见的。由于这些垃圾某些人就看不到未来宏伟大厦的无与伦比。这是不对的。"瓦维洛夫是忠诚的，他一生都在追求心灵的纯净，他不愿意任何东西污染自己。

1932年春天，为了准备参加在在美国举行的第五届园林遗传学代表大会，全苏农科院院长瓦维洛夫拟了一份苏联代表团的名单。除了遗传法博士和教授外，他又写上了农艺师李森科的名字，并且亲自给李森科写了一封私人信件，在信中，瓦维洛夫说："请您到美国去看看吧，对于一个遗传学家来说那里将有许多有趣的东西。"尽管李森科并没有去出席这次大会，瓦维洛夫在关于苏联生物物理学成就的发言中，还是恳切地指出："来自敖德萨的李森科的卓越发现，这一发现为单个地工作着的作物栽培学家和遗传学家打开了新的巨大的可能性……"

从美国回来后，为了使李森科能被选为科学院院士，瓦维洛夫在乌克兰科学院院长面前多次做工作，介绍、宣传李森科和他的理论。

1932年4月，保加利亚公民顿乔·科斯托夫从伊斯坦布尔乘船来到了敖德萨。他在苏联寻找庇护所，因为无论在祖国，还是在危机笼罩的欧洲，他，一个遗传学者都无事可做。他不得不秘密地离开索菲亚，途经土耳其来到列宁格勒，君主专制的保加利亚和苏联没有外交关系。科斯托夫既不了解这个国家，又不懂俄语，所以他踏上列宁格勒的土地时惴惴不安，顾虑重重。他是被瓦维洛夫邀请来加入苏联科学院主席团的。

来自保加利亚的这位学者在莫斯科火车站没有找到通往作物栽培研究所方向的车子。下着雨，一条4千米长的涅夫斯基大街，科斯托夫是步行走过来的。到达作物栽培研究所时，他浑身湿透，样子惨极了。

在前厅的存衣室旁边，他看到一群人聚在一起，热烈地谈论着什么。他问看门人：

"我在什么地方可以找到瓦维洛夫？"

"亲爱的朋友，朝您站着的就是他。"

站在他前面的那个人转过身来了，于是，顿乔·科斯托夫看到了一双深棕色的、凝神专注的眼睛。

听到自己面前的是从异他乡长途跋涉而来的遗传学家，瓦维洛夫的眼里饱含了浓浓的关切和笑意，他张开双臂，紧紧地拥抱着科斯托夫，像对熟识已久的老朋友那样极为亲切地说："您来了，真是太好了，我们早就在等您了。"看着周围和蔼可亲的微笑，所有的不安和疑虑都消释了，并且从此热爱上了瓦维洛夫、苏联的学者们和整个苏联，终生不渝。后来，不管出现了什么不快，都未能使他动摇过。

瓦维洛夫就是这样凭借对祖国和事业真诚不断吸引着更多的外国学者加入到苏联建设中来。同时，瓦维洛夫始终保持高度的热情，关注着国内有作为的年轻学者。

一年后，又一份请求寄到了苏联人民委员会的帮助学者委员会，瓦维洛夫推荐发现"春化法"的农艺师李森科为1933年资金的候选人。在信中，他说："无论在理论上，还是在实践上，李森科的发现在现阶段都是极有意义的，所以我们认为李森科同志是获得奖金的首批候选人之一。"

1934年，瓦维洛夫提请苏联科学院生物学部注意李森科的研究。他说："虽然他发表的著作还较少，但是最近的几篇作品，按其意义来说，是对世界科学的重大贡献，这使得我们可以提名他为苏联科学院通讯院士的候选人。"5月，在向人民委员会报告成绩时，瓦维洛夫再次强调了李森科的发现的重大价值。

瓦维洛夫的努力推荐很快就被接受了。

身居高位的人们注意起李森科来了。从乌克兰首都来的客人，随后是从莫斯科来的客人一批批参观了敖德萨。所有的人都喜欢上了这个来自农民的学者。这个真正的农民之子的生平和见解又准确地迎合了时代的要求。四面八方的赞美和吹捧开始迅速地败坏了不久前还是谦逊的农艺师的性格，李森科变得傲慢自大，粗鲁无礼，他的自命不凡与日俱增。

但是，促使李森科更快地走上另一条道路，还有另外一个重要原因，那就是他结识了伊赛·普列津特，瓦维洛夫悲剧命运中的另一个卑鄙小人。

伊赛·伊兹赖尔耶维奇·曾列津特从来没有研究过生物学，20世纪20年代末，他曾在列宁格勒大学的社会科学系学习过3年。多年来，他的目光一直在苏维埃社会上层，搜寻着自己可以依附的大学者、大人物，以便抬高自己的身价，使自己的"聪明才智"有用武之地。

可惜，这个初出茅庐的哲学家始终未能粘上一个足够大的"人物"。他曾经试图混进全苏作物研究所，接近瓦维洛夫，可是瓦维洛夫最讨厌的就是什么事也干不成、只会耍嘴皮子的人。普列津特遭到了瓦维洛夫的驱逐。可是，另外一个有"眼光"的人却看上了普列津特的"才能"，认为普列津特正是自己求之不得的好帮手，这个人就是李森科。

敖德萨的农艺师正在名利的阶梯上爬得越来越高。他急需有人为他扶稳这架高升的梯子，普列津特适时地出现在他的身边。这位狡黠的哲学青年一眼就看出了成为李森科这样一位浮在浪尖上的农艺师的代言人，对他是多么的有利。于是，普列津特开始处心积虑地为李森科编织、拼凑其"科学的理论纲领"，甚至创造了为自己服务的所谓的"米秋林的达尔文学说"这一类术语。

1935年夏天，天气闷热，整个苏维埃生物学界陷入了一种奇怪的压抑之中。在列宁全农科院主席团会议上，莫斯科大学教授扎瓦多夫斯基首先站出来，提醒自己的同行注意李森科——普列津特这个奇怪的同盟。他毫不客气地指出：

"这两个无知的人在一起搞的把戏，不仅会扰乱年轻人和研究生的头脑，也会搅乱研究人员的头脑。李森科呢，他的确是被胜利冲昏了头脑，两脚有点发飘。"接着，扎瓦多夫斯基还提醒人们注意这二人同盟的道德问题：

"普列津特曾因侮辱一名女大学生而被赶出校门，现在，人人都知道，他是个不诚实、不干净的人。他和李森科的接触散发着强烈的投机气味，他们玷污了科学。"

又有一些学者起来指责李森科的无知和普列津特的不道德行为。在这次大会上，出人意料的是唯一为李森科辩护的人竟是瓦维洛夫。他虽然也指出了李森科科学研究中的一些失误，但仍从整体上肯定了这位农艺师的工作："李森科是个细心的研究人员，他很勤奋，很有才能……"瓦维洛夫的宽容无形中助长了普列津特的嚣张……

那么，普列津特究竟给李森科带来了什么呢？是科学上的虚构伪造？还是一场肮脏的政治游戏？

李森科对周围的读书人说："我们的首要任务就是掌握伟大的遗传学家米秋林的科学成果，而且，我们首先要求喝了许多外国墨水的人这样做。"1935年的李森科的道德面貌在同时代人心中已经相当清晰了。对权力的热切向往，使得李森科开始毫无廉耻地打击自己同时代的人，他抓住一个又一个的权力紧紧不放，并以此来向这些知识分子表明他的身份。李森科毫不怀疑自己的天才，而普列津特使他身上的这种信念极端膨胀起来。

1937年2月，在莫斯科召开了第二次集体农庄突击队员代表大会。斯大林和政府其他要员参加了这次会议。李森科用一种完全不同的方式解释科学上的不同意见，这时候距基洛夫被暗杀刚刚过了两个月零几天，在这样一个悲痛的追悼时刻，李森科仿佛是对代表们呼吁着什么，他断然地说：

"富农暗害分子不仅在你们的集体农庄生活中可以遇到，你们对他们在集体农庄的活动了解得很清楚。但是，对于科学来说，他们并非不危险，并非不凶狠。……"

"在集体农庄里有富农和富家的帮手，他们不止一次地对农民们搬弄是非……'不要浸泡种子，要是这样干，种子会毁掉的。'而在学者中间，人们不是去帮助集体农庄庄员，而是搞破坏活动时，也出现了这样的事，这样的搬弄是非，这样的富农式的胡说八道，而阶级敌人永远是敌人，不管他是不是个学者……"

"好极了，李森科同志，好极了！"

李森科的讲话到此突然被打断，斯大林高兴地喊了几声"好极了"，随后用力地鼓掌。紧跟着，克里姆林宫的整个大厅时爆发了长时间的雷鸣般的掌声。

必须指出李森科的行动不仅是个人的罪过，而且是一种时代的产物。它是斯大林时代政治搏斗中所产生的一股鬼魅，它们是为了政治斗争而扭曲科学的一帮青面獠牙的打手。它们在最高统帅的呼唤下，使谬误代替真理，谎言受到嘉奖，阿谀奉承的人身居要职，而坚持真理的人身陷囹圄……一切科学工作者，都应该记住这个惨痛的教训，青少年一代更应该了解这个人妖颠倒的科学史上的大悲剧！

斯大林的一声"好极了"，开始了"春化法"创造者李森科一生中辉煌的新时代。3个月后，农艺师李森科如愿以偿地当上了全苏科学院院士，又过了3年，他成功地打击了瓦维洛夫，并取代瓦维洛夫成为列宁全苏农业科学院院长。

科学真理被送上政治祭坛

在苏维埃的历史上，1937年不仅是流血的一年，而且也是不断宣誓效忠的一年。

年初，在中央和各共和国报纸上，出现了一封题为《我们要求无情镇压我们伟大祖国的卑鄙叛徒》的信。信中并没有列举什么事实，而是充满了威胁和怒骂。这些语言在那个时代是丝毫不会使人感到惊奇的，甚至并不能引起人的什么兴趣。但是，值得注意的是这封信的作者们都是伟大的卓有成就的化学家、作物栽培学家、地质学家、生理学家、数学家等等。他们异口同声地要求：消灭、粉碎、踏烂祖国的叛徒，人民的叛徒。这是那个时代的流行语言。

我们这本书的主人公尼古拉·伊万诺维奇·瓦维洛夫排在作者的第三位。可是，他怎么也想不到，此时，甚至更早一些时候，已经有人把他作为"人民的敌人"的活靶子，列上了共和国的黑名单，开始了调查、诬蔑、陷害地漫长历程。

李森科当然一直是斯大林的宠儿，尽管他的理论和试验并没有给苏维埃带来任何好处。"春化法"已经没有人再提起了，李森科的"新发现"在理论和实践上遭到双重的失败。那么，那什么原因使人们没有能够揭露他，批评他对生物遗传学的践踏呢？

李森科崭新的想法一个接一个，源源不断地涌现着，而且这位专权的农艺师表面上的所作所为总是和时代的真实需要相吻合。李森科的目光不是专注于科学和苏维埃农业的发展，他的眼睛一直盯在斯大林身上，他知道怎样讨得最高领导人的欢心和赏识。

李森科给集体农庄庄员从事品种内杂交提供了80万把镊子，这是何等的规模！他的"伟大气魄和勇气"给斯大林留下了深刻印象。

在各种发言、讲话、争论中，李森科总是牢牢地抓住马克思、恩格斯，并且首先是斯大林的语录。李讲话前，总要为苏维埃政权、为苏联的科学、苏联的"米秋林达尔文学说"举杯祝贺！还要向各族人民的"父亲"斯大林同志鞠躬致敬！

李森科的论点简单明了，通俗易懂，而且极出色地宣传了斯大林需要的那种哲学体系。

李森科是聪明的，他的一切努力都没有白费，斯大林不断地把表明自己好意的标志给了李森科：为他颁发各种奖章，选举他为最高苏维埃的代表。甚至从1935年起，如果这位"人民的学者"不到会提一点儿主要的建议，那么，任何一次全苏农业会议也开不了。李森科，斯大林的宠儿，成了一个批语不得的人。农艺师身上旧日的谦恭已经没有一丝痕迹了，追随他的人像苍蝇一样嗡嗡地谄媚、逢迎。科学、真理被踩在了政治和权力的脚下。

就在李森科春风得意时，发生了一件意外的事。

在列宁全苏农业科学院的第六次会议上，终于有一些正直的学者按捺不住，大胆地向李森科的"理论"发难了。著名的育种专家康斯坦丁诺夫院士、利西岑院士等人第一次公开宣布李森科的花花点子是完全站不住脚的。

利西岑院士给大家讲了一个有趣的故事：古罗马时候，有一位航海家在上路前决定给神供献祭品，以保佑他平安归业。他走了好多个庙宇，各个庙都说自己的神是很灵验的，只要供奉了祭品就能得到保佑，而且都拿出了供献者和得到拯救者的名单。航海家想了想，对祭司说："那些作了供献没有得到拯的名单在哪里？我想把不同的神的仁慈做个比较。"故事讲完了，利西岑院士非常严肃地说:"我想请教李森科一个问题,我们付出了那么多努力,对于春化法所带的损失,您能做出什么样的解释呢?"

康斯坦丁诺夫院士更是明确地指出:"如果我们认真采取这样的农业措施,那么对农业来说无疑就是一种自杀。无知有两种:一种是没有文化,它先于科学,而另一种是妄自尊大,它后于科学。"

美国学者米勒的发言更为精彩:"如果我们的杰出的实践家们,都赞成那些对每一个稍知遗传学的人来说,明显是荒谬的理论和意见,就像李森科院长和他的志同道合者不久前提出的那些论点的话,那摆在我们面前的选择,就将类似于要在巫术和医学、占星术和天文学、炼金术和化学之间作出选择!"

气氛热烈的大厅里响起了经久不息的掌声。

瓦维洛夫非常反对这种辩论的方式。科学大会只能讨论科学问题,无论如何也不应该转向个人。所以,他的发言使朋友和敌人都感到极其不满。两边的人有一个相同的感觉:瓦维洛夫院士的长篇大论似乎是在为自己辩护。

当然,利西岑等人的批语丝毫损害不了李森科。这位农艺师正处于荣誉和权力的顶峰。科利佐夫院士被迫害致死,米勒被迫离开苏联,迈斯特院士在1938年被枪决了。敢于怀疑和否定李森科的学者一个接一个被捕,遭到枪杀。瓦维洛夫终于清醒地认识到自己犯了一个多么严重的错误。不仅作为一个人,而且作为一个学者(瓦维洛夫更看重后者),他受到了无情的欺骗和嘲弄。瓦维洛夫再也不愿意提起李森科,尽管他没有表现出强烈的愤怒,他最终为自己选择了沉默。

李森科可不想轻易地放过这个曾经竭尽全力扶植自己的老师,同时也是自己理论上最大最危险的对手、"敌人"。他知道,要想让瓦维洛夫永远保持"沉默"并不是一件容易,就生物学问题进行科学论争也许是消灭第一号农学家的最好方式。

于是,一场倾斜的,背后隐藏着极大阴谋、打着科学的幌子的论争开始了。

论争组织者的观点并不局限于有关遗传特征的传递这一纯科学问题。他们所坚持的论点是:瓦维洛夫是一个唯心主义者,持有陈旧的、过时的观点,是个不值得信任的人。

接着,他们把一连串阶级标签贴到了瓦维洛夫的头上:孟德尔分子,摩尔根分子,反米秋林分子,反达尔文主义者。他们毫不客气地宣称:

瓦维洛夫是孟德尔神父(宗教活动家!死后受到德国纳粹分子大力推崇)学说的卫道士。

瓦维洛夫和美国遗传学家摩尔根在思想上同流合污。

再者,瓦维洛夫是所有人都尊敬的,创造了350个珍贵品种的苏联果树栽培生物学家伊万·弗拉基米罗维奇·米秋林的对头；

……

李森科宣布全苏作物栽培研究所是"孟德尔学说"的中心，并补充说："我根本不认为形式主义的孟德尔——摩尔根遗传学是科学。"

人们从这场论争的表面很容易得出自己的结论：瓦维洛夫和他所领导的全苏作物栽培研究所都是些科学上的大骗子，他们冒充学者，是事实上不存在的伪造出来的科学的代理人。各种媒介、报纸、杂志、会议都在给这场争论加温。

事实上，在各种会议中发言的往往是李森科一派的人。他们大量使用一些令人极为厌恶的形容词和外号，日复一日地重复着他们那些庸俗无聊的话。瓦维洛夫和他的朋友们感觉到了一种生理上的恶心，但仍然尽量容忍着，因为他们有很多重要的、实实在在的事要做。

1937年5月8日，全苏作物栽培研究所召开工会会议。农学家库普里亚诺夫激烈地说："你们害怕批评，怕得要死，批评使你们如坐针毡。瓦维洛夫的理论是有害的，要用铬铁把它消灭殆尽。因为工人阶级也能实现自己的任务，并且已经取得了一定的成果。我们需要的是像李林科那样工作，而不是像瓦维洛夫那样工作。"研究生东斯科伊紧接着说："李森科直率地宣称：不是我就是瓦维洛夫。我认为他说得清楚明确，很有见地。以实验科学的成就来为社会主义祖国服务的时期已经到来,由此出现了尖锐的斗争和必须对瓦维洛夫学派采取敌对态度。"

瓦维洛夫被迫一连几个小时,甚至几天听着这样的教训,而且还要回答各种古怪、愚蠢的问题。有时候,瓦维洛夫满头大汗地爬上讲台,同时简短得令人摸不着头脑地,以愤懑的声音说出反对的意见,但他仍然是真诚的力图说服批判他的人:"我认真地读过达尔文的学说,我认为自己能够理解他的理论,我希望你们能静下心来,认真地思考一下……"每次不等他说完,台下已经响起了一片嘲弄的喊叫声。瓦维洛夫尴尬而且难堪地站在台上不知所措。

普列津特和他的帮手们走得更远。他们"论证"了瓦维洛夫的"亲缘种原理"不仅是资产阶级科学的产物,而且是法西斯种族主义的"残酷法律"的科学基础。

在自己的答复和反驳中,瓦维洛夫的都是有争议的科学问题,仅此而已。"诽谤和告密"的杀伤武器不属于他。而且,他还努力在一大堆乱七八糟的指控和诬告中,继续不懈地寻找某种理性的内容。他常常对自己的助手和朋友说:"我们的确应该利用批评来重新检查我们的科学知识,从中清除掉错误。吹毛求疵的人们在工作进程中将会看到自己的错误,并最终走上实验和可靠事实的道路上来。"

可是,与瓦维洛夫的愿望恰恰相反,李森科发言中的武断结论越来越多了，没有一句诚实的话。瓦维洛夫对此非常惊讶，在一次听了李森科毫无根据和充满空洞许诺的报告后，瓦维洛夫忍不住低声感叹说："这里还有什么科学可言，简直是一种宗教。"

李森科不放弃任何一个机会，刺激、挖苦和申斥瓦维洛夫。有一次，瓦维洛夫在报告自己研究所的工作计划时，谈到创造小麦的免疫品种，谈到在研究所里培育的土豆抗瘤品种以及必须着手杂交玉米的工作。像往常一样，瓦维洛夫并不认为需要把缺点隐瞒起来。他在报告中谈到生物化学实验室的工作时，遗憾地承认：生物化学家尚未学会按蛋白质来判明品种的差异。他说：

"我们至今还不能按蛋白质来区分小扁豆和蝶豆，这还需要很多人不断地去努力。"

"我想，每一个能用舌头的人都会区分小扁豆和豌豆，大家说是吧！"李森科从座位上站起来，面对着众人大声地说。

有的人笑了，也有的人跟着点头附和。

"可是，我们还不能用化学方法来区分它们。"瓦维洛夫固执地说。

"如果能用舌头来品尝，我们为什么要用化学方法来区分？"李森科笑得更放肆了。

瓦维洛夫气得舌头打结，他再也不愿意和李森科继续这种无聊的对话了。

还有一次，在全苏农科院主席团会议上，瓦维洛夫建议用他在地中海地区找到的，不生锈病的燕麦"拜占庭号"来进行杂交。为了让事情尽快付诸实践，尼古拉·伊万诺维奇当即从口袋里取出一包种子，把它交给了秘书。同时说明，包上的字是用拉丁文写的。

"为什么要用拉丁文写？"李森科马上站起来发问。

"因为植物科学是一门国际性科学，所以拉丁文是最方便的用语。"瓦维洛夫耐心地解释着。

"不对，你是为了让人民看不懂。"李森科恨恨地说。

"人民看不懂的东西，那就不应当去研究。"普列津特马上随声附和。

瓦维洛夫努力地克制着自己，他的脸涨得通红。可是他没有反唇相讥，即使他明知在座的科学家中也许只有这两个人看不懂外文。这就是瓦维洛夫的性格。他对自己的朋友说："我不愿意和普列津特这样的人争吵，况且他们人多势众，他们知道的愈少，就嚷得愈凶。"

李森科这样做不仅仅是要毁掉瓦维洛夫，他还要无情地毁掉瓦维洛夫一手建设起来的、视若生命的全苏作物栽培研究所。

1940年春天，在莫斯科农业展览会上，李森科的一位密友不无挖苦地对瓦维洛夫说：

"怎么啦，尼古拉·伊万诺维奇，听说您已经把18人送上了断头台……"

"不，这怎么可能呢？我完全不了解！"

"您不了解吗？可是大家都清楚得很，所长不同意，是不能随便逮捕任何人的。"

"显然，人们并不总是清楚，我处在什么样的位置上。"瓦维洛夫怒火中烧，失去战友的悲痛，对手的卑鄙无耻一瞬间击毁了他，他紧咬着牙齿，眼皮也没有抬一下，默默地走开了。

李森科的这位朋友没有算错，从1934年12月，基洛夫之死到1940年的春天，在全苏作物栽培研究所，已有18位生物学家被捕了。瓦维洛夫感到震惊，他在这几年中，不断地写信给各级机构，可是没有一个人得到拯救。

李森科用威胁利诱两种方式拉拢了全苏作物栽培研究所的一些人，然后他命令撤销研究所的出版社，取消试验站，清除所有持不同观点的人，瓦维洛夫感到孤独。

李森科的声望愈高，克里姆林宫对瓦维洛夫的评价愈低。斯大林建议瓦维洛夫："不要再关在研究所搞那些鸡毛蒜皮的事情，去向田野里工作着的李森科学习吧！"

瓦维洛夫无法自由地发表自己的观点了。有一次，他在谈话中偶然提到"在人工条件下繁育野生动物。"有的人马上大做文章："想驯化狐狸，真是异想天开！"一些报纸随后把瓦维洛夫骂了个狗血喷头。

瓦维洛夫最大的不幸就是他始终没有真正领悟到这场

论争背后隐藏的究竟是什么。事实上，就算瓦维洛夫从一开始就清醒地看到了问题的实质和真相，他就能够逃脱最终的结局了吗？

从1940年春天起，全苏作物栽培研究所就制定了去西乌克兰和西白俄罗斯进行考察的计划。但是，农业人民委员部犹豫了很久，因为有人顽强地反对任命瓦维洛夫这位失宠的院士担任考察队长。命令直到7月23日才签署，这一天，瓦维洛夫匆匆地赶到莫斯科。早在这之前，他已经做好了一切准备，选好了一组研究人员；考虑好了考察路线；还有整整一箱子从科学院图书馆借来的书：都是关于西部地区的农业、植物分布，土壤甚至气候的。

临出发前的一天，瓦维洛夫对考察队员说："朋友们，一桩极其重要的事情委托给我们了，我们一定要努力做好。我们将可以按照我们的意愿来工作了，我们要扩大细胞学研究室，美国人都会羡慕我们的！"瓦维洛夫的眼里闪烁着动人的光彩。这时候的他已经完全忘记了极不愉快的"生物学论争"，还有那些卑鄙的告密，下流无耻的迫害，这一切的一切都消释在他的愉快心情之中了。他对未来又一次充满了乐观的希望。

预定7月25日晚上离开莫斯科去基辅。瓦维洛夫不停地忙这儿忙那儿，他的脸上满漾着春天般的温暖和喜悦，在他心中，即将开始的这次旅行将成为他事业上又一个新的里程碑。他有什么理由不高兴，有什么理由不陶醉于美好的憧憬之中呢？可是，这种情绪持续的时间并不长，两个小时过后，李森科要求瓦维洛夫立即去见他。

两个人的谈话一开始就触及遗传学博士的论文答辩一事。李森科坚决地说：

"这是毫无意义的，瓦维洛夫同志，我不同意进行答辩。"

"可是，您总得说明一下理由吧？"

"我已经说过了，这是毫无意义的，纯粹是在浪费时间！"李森科的态度非常尖刻，声调也逐渐升高了。

瓦维洛夫进门前的喜悦心情早已飞到九霄云外去了。他对李森科这种随意亵渎科学的行为实在无法容忍了，两个人的争吵越来越激烈，时间一分一秒地过去了，瓦维洛夫不想再继续这场毫无意义、毫无结果的争论，他"嗯"地一下站起来，愤怒地说："由于您的所作所为，我们的国家蒙受了极其重大的损失，很多国家已经把我们远远地甩在了后面，我真后悔，当初为什么要把你当成一位学者，这真是我一生的耻辱！"说完，"砰"的一声推开门，从办公室里跑了出来。站在门外，听到了这场争吵全过程的一个研究人员小声地自言自语着：瞧吧，瓦维洛夫这回可真要倒霉了，看着吧，过不了多久，就得把他抓起来。

傍晚，天空阴沉沉的，人们的心情很压抑。全苏作物栽培研究所的研究人员到瓦维洛夫家中为他送行。

瓦维洛夫坐在椅子里，心情还没有完全平静下来，他的脸色有些苍白，目光闪烁不定，显然已经疲倦到了极点。人们问起他与李森科院士的冲突，瓦维洛夫只是简短地说了句："我把一切都对他说了。"然后闭上眼睛休息了一下，屋子里顿时陷入一种沉闷的寂静之中。

天渐渐黑下来了，屋子里没有点灯。瓦维洛夫对副所长交代完近期的工作后，劝他们早点儿回去休息，不要耽误了明天的工作。几个人告别时，瓦维洛夫努力地微笑了一下，但是，人们看得出来，他笑得很勉强，而且双眼黯然无光，整个人被痛苦的思考折磨得心神不宁。几个人走出去以后，门关上了，一屋子的黑暗逐渐湮没了孤独的瓦维洛夫。

但是，7月26日，基辅车站上迎接瓦维洛夫的人们见到的仍然是身材挺拔，前额宽阔，一双眼睛清澈如水、精力充沛的学者风采。接下来的活动极其紧张，日程安排得满满的，瓦维洛夫超负荷地工作着。

离开莫斯科已经两个星期了。8月6日，是一个晴朗的好天气，研究人员盼来了3辆汽车去山区考察。到达目的地后，人们开始分头行动。一整天很快在忙碌中过去了，当研究人员返回住地时，门口一个上了年纪的工友拦住了他们，匆匆忙忙地告诉他们："瓦维洛夫教授回来时，正好有另一辆黑色小汽车开过来，车上的人要求他跟他们去和莫斯科紧急通话，请我转告其他同志，他很快就回来。"

夜是寂静的，洁白的月光洒在地上，像一层寒霜。研究所的巴赫捷耶夫一边整理着瓦维洛夫采集到的珍贵的禾本科植物，一边想着白天发生的事。突然，外面传来一阵急促的敲门声。巴赫捷耶夫先是一愣，然后马上起身去开门。门开了，闯进来两个年轻人，大声地问：

"谁是列赫·诺维奇？"

"我就是。"瓦季姆·斯捷潘诺维奇答应一声走了过来。其中的一个年轻人拿出一张不大的纸片交给他，上面是尼古拉·伊万诺维奇的粗大的笔迹：

"亲爱的瓦季姆·斯捷潘诺维奇！由于我被紧急召回莫斯科，请把我的东西交给来人。1940年8月6日23时15分，尼古拉·伊万诺维奇·瓦维洛夫。"

旁边的另一个年轻人看他读完了纸条上的内容，又紧接着补充了一句："瓦维洛夫教授已经在机场的飞机旁了，请你们抓紧时间赶快收拾。"

巴赫捷耶夫和瓦季姆匆匆地整理着瓦维洛夫的东西，但是考虑到他或许很快就会回来，所以只拿了一些主要的，两个年轻人见了，极不耐烦地催促着："快点！什么都不要留下，全部带走，一张纸片也不要留！"两个人对视了一眼，心里打了无数个问号。

东西全部整理好了，抬出来放到黑色的小汽车上。巴赫捷耶夫和瓦季姆简单地商量了一下，决定由两个人中的一个去见一下瓦维洛夫，看看究竟是怎么回事。可是，当巴赫捷耶夫要坐到汽车后座上时，里面原有的一个人突然粗鲁甚至有点儿恶狠狠地问：

"您真的要去？"

"当然，至少我们应该有个人去看一下。"巴赫捷耶夫说着拉开了车门，他刚把腿放进车里，里面的那个人突然抬起脚，一脚把他踢倒在地上，随后传来了对司机的尖声命令："开车！"车门也在叫嚷中"砰"地一下关上了了，黑色的小汽车随即消失在茫茫夜色之中……

研究所的人们如五雷轰顶般呆立在沁凉的夜风中。直到此时，人们才突然意识到：瓦维洛夫所长遭到不幸了！

无法监禁的灵魂

"您是作为反苏破坏活动的积极参加者和外国情报机构的间谍被捕的。您承认自己有罪吗?"

"不,不承认。我从来不是间谍和反苏组织的参加者。我始终为苏维埃国家的利益忠诚工作。"

"那么,这些年你都干了些什么?"

"工作,我在不停地工作。出国考察,撰写论文,研究作物栽培,为共和国培育最好的作物种子。"

瓦维洛夫很疲倦,因为他是山区考察途中被捕的。他的脸色很差,眼睛里也失去了往日的神采。坐在他对面的国家安全上尉阿列克谢·格里戈里耶维奇·赫瓦特却神采奕奕,气势逼人。

上尉今年33岁,正是一个男子汉体力和精力都极端旺盛的时期。此刻，坐在著名的生物学家瓦维洛夫的对面，他认为自己已经站在一生中最接近飞黄腾达的门槛之上了。此后，他将不惜一切手段，证明瓦维洛夫不是杰出的学者，不是苏联科学的骄傲，不是祖国农艺学的组织者，而是苏维埃政权的不共戴天的、必须彻底消灭的敌人。

第一次审讯就这样结束了。这一天是8月12号。瓦维洛夫拖着沉重的脚步回到牢房，想起自己近20年来的人生起浮，他的眼里闪现着了一种火一样的光芒。靠在低矮的床板上，瓦维洛夫陷入了深深的回忆。李森科是自己亲手扶植起来的，接着，李森科得到了斯大林的宠信，无耻地背叛了科学，自己受到了残酷的愚弄和欺骗。一切的变化是多么的快啊！可是一点儿也不突然。

瓦维洛夫想起了五年前的春天，自己和斯大林的一次不期而遇的情景……

瓦维洛夫赶着去参加中央执行委员会的会议，在急匆匆地走过克里姆林宫里一条走廊的拐角处时，突然和迎面走来的斯大林相遇，当时，两个人相距很近，身材相当矮小的斯大林立即往后一跳，惊恐地瞧了一眼瓦维洛夫鼓鼓囊囊的公文包，他似乎觉得在装满书的公文包里正隐藏着足以毁掉自己和这座房子的炸弹。然而，只一瞬间，斯大林就镇定下来了，惊骇万分的表情消逝得干干净净，他的脸上布满了阴沉的怀疑的神色。领袖大概对有人看到他惊慌失措的样子感到有些生气。幸好，两个人都明白，这不过是一次极其偶然的"相撞"。

现在，被关在阴暗的牢房里，想起这件事，瓦维洛夫意识到，很久以前，斯大林同志就已经不喜欢自己了，全苏作物栽培研究所的悲剧命运恐怕也早在很多年以前就已经注定了。

天逐渐黑了下来，瓦维洛夫的心里仿佛压上了一个沉重的铅块。他在牢房里走来走去，思考着这一切事情的前因后果。这一夜，他一直没有好好地入睡，连续的噩梦使他的心惊悸不安。第二天早晨起来，他的眼圈明显带出了青紫色。

上尉不给他的犯人以任何喘息的机会。瓦维洛夫在太阳还没有升起时，就已经饿着肚子站在审讯室里了。

"说吧，瓦维洛夫教授，这些年您在外国都干了些什么？"

"我坚决声明，我从未从事过间谍活动和其他任何反苏联的活动……"

"可是，我们已经掌握了十分确实的材料，你最好能自己交代对祖国犯下的罪行。"

"我认为，侦察机关所拥有的材料，片面地和不正确地阐述了我的活动，并且显然是在科学和领导工作中与一系列人产生分歧的结果。有一些人对我不满意，我认为，这是对我的诬陷。"

上尉不知何故沉默了。他不再问话，只是独自坐在椅子上望着窗外的景物出神。瓦维洛夫一夜没睡好，又没有吃东西，两个小时过去了，他的双腿开始打战；又是两个小时过去了，瓦维洛夫因为胃部的剧痛蜷缩着身子，豆大的汗珠从他的脸上滚落下来，他感到自己的生命力正随着时间一分一秒地流逝，一点一滴地被抽走。太阳从窗前升上高空，又落到窗子的另一侧去了，屋子里渐渐地暗下来。上尉仿佛睡着了一样，毫无声息，瓦维洛夫的双腿已经麻木得失去的知觉，可他仍然倔强地支撑着。

终于，上尉赫瓦特也觉得坐了一天有些累了，他摆摆手，让看守把瓦维洛夫带回牢房。瓦维洛夫拖着失去了知觉的双腿，一步一步挪回了牢房，他已经没有力量爬到床上去了。靠着墙，瓦维洛夫缓缓地坐在地上，把腿努力地向上抬起，门口的一个看守实在看不下去了，走过来，扶起瓦维洛夫，把他的双腿抬到了床上。

躺在床上，1933年2月的一件往事浮上了他的心头：

那是从美国归国途中，他像以往一样在巴黎会见了巴斯德研究所的老朋友梅塔利尼科夫教授和别兹列德卡，朋友们到车站去为他送行。于是，一份告密信很快寄到了莫斯科：瓦维洛夫和白俄见面了，他的那位朋友反革命前是沙皇的副教授。"其实，瓦维洛夫在车站一边拥抱老朋友老塔利尼科夫，心里就一直在反复地叨念："事情不妙，我大概要倒霉了。"

回到国内不久，瓦维洛夫大学时代的一位好朋友季利娅神色慌张地跑到瓦维洛夫的寓所来了。她不等坐下来，就上气不接下气地说："他们说明天要把你叫到中央委员会去，领导人中有些人对你的国外旅行感到非常不满，说你化去了大量的钱财，却没有什么收获，他们将要严厉地斥责你。"

瓦维洛夫看了看桌子上自己正在整理的那些珍贵的种子和植物标本，坦然一笑说："没关系，他们会弄清楚的。"可是事实上，瓦维洛夫通往国外考察之路，从那时起永远地封闭了。

夜深了。

牢房里的瓦维洛夫轻轻地揉着酸痛的双腿，毫无睡意，尽管他已经疲惫到了极点。

太阳又一次从东方升起来了，可是对于囚室中的犯人来说，新的一天与过去的又有什么不同呢！瓦维洛夫被捕已经4天了。他顽强地坚持着："我从来没有做过反苏的工作，不能就这一问题作供词。"年轻的上尉知道该怎样对付自己的犯人，让他开口讲话。审讯时间一天天延长了。

赫瓦特每天清晨把瓦维洛夫叫到审讯室，一直谈到到第二天的拂晓。审讯的时间愈长，记录愈短。有时候一天一夜的记录只有一个问题，问答加在一起也不超过5分钟，天知道，剩下的时间里，上尉在干些什么，而瓦维洛夫又是怎样站肿了双腿和双脚！原本高大魁梧的瓦维洛夫明显地憔悴、消瘦了。

8月24日，在被关进监狱的第12天，在又一次持续了13个小时的审讯之后，年轻的上尉终于在瓦维洛夫那里听到了他想要的供词：

"我承认我有罪，从1930年起，我就是存在于苏联农业人民委员部系统中的右倾反革组织的领导者，在反苏工作上和我联系的有……"说到这儿，瓦维洛夫稍微停顿了一下，接着开始列举在此之前已经被枪决的伟大的科学家名字。瓦维洛夫的声音沉痛并且逐渐低沉了下去。

审讯仍然是白天连着黑夜。又一个深夜，瓦维洛夫继续指责那些身居高位的已经死去的人。他既不饶恕自己，也不宽恕那些白骨早已在公墓中腐烂掉的人。

"我作为全苏农业科学院的领导人，以破坏的目的创建了不合实际的专业狭隘的研究所，导致了干部分散。凭借自己的权力扩大了苏联的播种面积，造成国内种子缺乏，给祖国带来了巨大的损失……"

瓦维洛夫在撒谎，是的，非人的审讯逼得最诚实的人用撒谎作为保护自己的最后一个脆弱的武器。如果说，他后来供认的一切其实在20世纪30年代初是得到了党中央全会和代表大会的赞同，写进了国家文件的，他只不过是在嘲弄"精明"的上尉罢了。那么，为什么瓦维洛夫要去诽谤那些已经死去了的人呢？其中大多数人曾经是他最亲爱的朋友和最亲密的战友。

原因是很简单：不是折磨、逼供使这位坚强的学者屈服了；一个人对着漫漫长夜苦思冥想，瓦维洛夫终于想通了自己的被捕绝不是偶然的，而是经过深思熟虑的，各级机构都同意的举动。如果事实真的是这样，那么一切争取正义和公正对待都将是毫无意义的事。瓦维洛夫虽然还不明确知道等待着自己的将来是什么，但他决定用最无奈的策略来保全目前的自己了，承认自己有罪，把那些已不在人世、不可能因自己的供词而受罪的人们说成是自己的同盟者。所有的罪名中，瓦维洛夫唯一否认的只是对间谍活动的指控。（后来的事实证明，这种反对是多么的没有力量和意义）。

上尉因为瓦维洛夫的供认得到了奖赏，审讯暂时停止了。

瓦维洛夫一个人待在囚室里，长长地出了口气。囚室里通风、有灯，也还算暖和。虽然看不到书，可是如果想写补充交代材料，可以得到纸张和铅笔。瓦维洛夫不愿意让日子白白地过去，他很早就想写本书，总结自己对自古以来全球农业的思考。因为一直忙得不可开交，终于没有写成。现在，瓦维洛夫环视了一下这个清静的单人囚室，默默地对自己说："尼古拉·伊万诺维奇，开始写吧，也许以后就再也没有机会了"。的确，对于此刻的瓦维洛夫，时间和智慧就是他最可宝贵的财富。尼古拉·伊万诺维奇没有地图，没有各种手册，百科辞典，仅凭记忆开始了他这一生中的最后一次创作。

就在瓦维洛夫争分夺秒地写作《农业发展史（农业的世界资源及其利用）》时，还有一些人也在积极地忙碌着。

还是在瓦维洛夫被捕的当天，所长心爱的学生巴赫捷耶夫从乌克兰西部赶回了列宁格勒。瓦维洛夫被捕的消息一瞬间传遍了研究所大楼。最后的张那便条从一个人手中传到另一个人手中，巴赫捷耶夫叙述了喀尔巴阡山脚下发生的一切，人们都明白，这个案子又是带有政治色彩的。瓦维洛夫学派的生命也许就将到此结束了。可是这些曾经紧紧团结在一起，为了祖国农业科学发展做出过重大贡献和牺牲的人们怎么也不甘心就这样投降，他们希望这一切都是误会，期待着有一天局面会突然好转起来。

这一切都是可怜的幻想。李森科很快签署了把瓦维洛夫开除出农学院的命令，解除了他的所长职务。在瓦维洛夫的办公室，莫斯科和列宁格勒的寓所里，一些身穿便服的彪形大汉撬开地板，搜遍了顶间和地下室，据说是要搜查秘密掩藏的炸弹。

研究所被一些人搞得乌烟瘴气，不断地有人死亡。大部分专家被捕，或被赶出研究所，打发到集体农庄去"锻炼"。瓦维洛夫精心创建的，他付出了全部生命热情、心血和爱的全苏作物栽培研究所就这样在李森科的"枪口"下，被迫地一步步走黑暗和死亡。

仅有的几位研究人员实在沉默不下去了，他们以大无畏的精神呼喊着正义真理和光明，并且给联共（布）中央人民委员会和内务人民委员部写了一封信，信中言辞恳切："我们认识瓦维洛夫已经多年了，我们绝对认为他是忠于苏联政权和共产党的，请党中央考虑释放他，回到工作岗位上来，他是我国农业作物栽培方面少有的优秀人才。"

可是，有人警告他们说，如果把这封信送上去，那么签名的九个人都会遭到逮捕，最好由一个人签名。巴济列夫斯卡娅博士决定自己来承担风险，因为别人都有孩子。很快，她被叫到斯莫尔尼宫，在省委，她再次竭尽全力想说明瓦维洛夫是无罪的。

最后她勇敢地说："如果政府一定要放逐瓦维洛夫，那么我们研究所剩下的人愿意跟着他一起去流放，即使是去西伯利亚，去堪察加。"

一位工作人员相当冷淡地回答说："我们没有错，你们安心工作吧，别再为了这点儿小事打扰领导人。"

3天后，巴济列夫斯卡娅被"上面"解除了研究所的职务。

善良、正直的人们仍然在暗中为他们深深敬爱的所长默默奔走。8月末，人们找到瓦维洛夫的弟弟，著名的物理学家谢尔盖·瓦维洛夫，把整理好的申诉材料给他看。那是一个阳光灿烂的午后，谢尔盖坐在宽大的办公桌后面，没有任何表情，目光疲倦黯淡，一点儿生气也没有。他摸了摸自己鬓角上的白发说："我们恐怕是无能为力了……"

是的，谢尔盖的话显然是对的。一切拯救瓦维洛夫的尝试都在一座看不见的厚墙壁上撞得粉碎，甚至一些人连同自己一起撞得头破血流。

不怕逮捕、枪杀，有勇气公开支持瓦维洛夫的还有一位德高望重的长者，他就是瓦维洛夫的老师普良尼什尼科夫。在近几年动荡的岁月中，一个接一个的悲剧使这位77岁高龄的老人无比震惊，直到听说瓦维洛夫也被捕了，他终于忍不住一腔悲痛，老泪纵横！他拄着手杖，一瘸一拐地，一次又一次地到农科院院长李森科那里去请求，直到无数次的失望之后，普良尼什尼科夫明白了：没有人会把受害者还回来，李森科正在用一种残忍的方式毁掉杰出的瓦维洛夫。

在瓦维洛夫忙于著书，研究所的同志们忙于营救工作时，我们年轻的上尉也没有闲着。他按上级的意图逮捕了瓦维洛夫的5名"同谋"，都是了不起的作物栽培学家、遗传学家。上尉似乎是打定主意了，他所揭穿的是一个庞大的反苏团伙，而不仅仅是一个独自行动的"人民的敌人"。

总之，到了1941年3月，瓦维洛夫就不准再写书了，漫长的、难以忍受的审讯又开始了。

"你是谁？"每一次，当学者瓦维洛夫被带进审讯室时，赫瓦特总是对他提出这个相同的问题。

"我是瓦维洛夫院士。"

"不，你不是个院士，你是榆木疙瘩"。充满豪气的上尉说着，洋洋得意地瞧了一眼受侮辱的"敌人"，然后开始审讯。

他指控说："你在飞机场内种上了受到带菌杂草污染的种子，使列宁格勒军区的机降区遭到了严重破坏！"瓦维洛夫被他这种荒谬的说法、错乱不通的语句弄得啼笑皆非。上尉可不想笑，他要在最短的时间里，按照某些人的指示，找到足以把瓦维洛夫定成死罪的"证据"。

现在，瓦维洛夫被送进了一个200多人的囚室。其实，这间屋子只能关20人，此时，屋子里坐着的、躺着的和站着的到处都是人。有一个人的动作比较奇怪：他躺在木板床上，水肿的双腿努力向上抬起。脸也有些水肿，好像一个心脏病人；眼睛下面的水肿更加厉害，双脚肿胀得惊人，而且又青又紫。这个人就是瓦维洛夫。他刚从审讯室回来，已经连续站了十多个小时。

每天夜里，瓦维洛夫都被带去审讯，拂晓时，看守把他拖回来，扔在门边。尼古拉·伊万诺维奇往往已经无法站立了，他拖着沉重的双腿挣扎着爬到自己的铺板上。旁边的人过来帮他解开鞋带，可是怎么也没办法把鞋从他肿胀得像紫茄子一样的脚上脱下来。瓦维洛夫忍着钻心的刺痛，无力地靠在墙上，把双脚抬高，保持着这个奇怪的姿势，一连好几个钟头一动也不动。一向好与人接受的乐观愉快的尼古拉·伊万诺维奇沉默了。他几乎不和同囚室的人讲话，也不谈在审讯室里发生的一切。可是，人们从他被折磨得惨不忍睹的身体上，完全可以想象出残忍的上尉都对瓦维洛夫干了些什么。

后来，瓦维洛夫从囚室里消失了。直到1941年7月9日，苏联最高法院军事法庭对他进行审判。在过去的11个月中，瓦维洛夫被叫去审讯了400次，谈话用去了上尉"宝贵"的1700多个小时，而且审讯基本上都是在不眠之夜进行的。如今这一切，终于都要结束了。

瓦维洛夫站在军事法庭上，一言不发。"根据苏维埃社会主义共和国联盟所授予的权力，经预审和法庭审理确认，瓦维洛夫从1925年起就是反苏组织'劳动人民党'的领导人之一；右倾反革组织的积极参加者；从事广泛的旨在破坏和消灭集体农庄制度、使苏联的社会主义农业混乱和崩溃的暗害活动，……为了追求反苏目的，和国外的白俄逃亡组织保持联系，把苏联国家秘密的情报转交给他们……"宣判人历数瓦维洛夫"犯罪行为"的声音铿锵有力，震荡着整个法庭。一种受到极不公正待遇的委屈感和茫然感一层层漫上瓦维洛夫伤痕累累的心灵，他仰起头，看了看法庭外又高又远的天空，终于禁不住热泪盈眶。

他默默地在心里问："还有谁能想念我呢？我是真心

地爱着自己的祖国，为了她，我愿意牺牲自己的一切，可是，又有谁能知道呢？"瓦维洛夫没有让自己滚烫的泪流下来，他克制着自己。

这时，庭长站了起来，他严肃地扫视了一下四周，然后让目光长久地停留在瓦维洛夫身上，开始非常清晰地宣布最后的判决结果：根据俄联邦刑法第58条第1款、58条第7款、58条第9款和58条第11款的规定，兹判决如下：

"判处尼古拉·伊万诺维奇·瓦维洛夫极刑——枪决，没收属于他个人的财产。本判决为终审判决，不得上诉。"

瓦维洛夫突然用牙紧紧地咬住了自己的嘴唇，虽然知道自己活着出去的希望很小，可是，亲耳听到"枪决"二字，仍然使他感到极为痛苦。

回到囚室时，瓦维洛夫一个人静坐着。好久，好久，月亮升起来了。站在窗前，看着夜空的繁星闪闪烁烁，瓦维洛夫心里很痛。他多么想活下去，他多么希望能完成自己的著作，完成作物栽培试验，完成所有未竟的心愿。可是，这一切都将再也没有实现的可能了。

瓦维洛夫拿出一页纸和一支短短的铅笔，他要做最后的努力，给苏联最高苏维埃主席团写赦免申请书：

"被判处极刑——枪决的犯人，前苏联科学院院士，列宁农业科学院院长，全苏作物栽培研究所所长尼古拉·伊万诺维奇·瓦维洛夫致苏联最高苏维埃主席团：

我恳请最高苏维埃主席团赦免我，并提供我以工作赎清我对苏联政权和苏联人民的罪过的机会。30年来，我致力于作物栽培领域中的研究工作，获得过列宁奖金。我恳请给我提供最低限度的机会，来完成有利于我的祖国的社会主义农业的著作。作为一个有经验的教育家，我发誓将我的一切献给培养苏联干部的事业。我今年53岁。犯人：尼古拉·瓦维洛夫前院士、生物学和农业学博士，1941年7月9日20日。"

请求书送上去以后，瓦维洛夫怀着一线渺茫的希望等待着。一天过去了，两天，十天，半个月，时间一天天过去了。直到第17天，也就是7月26日，瓦维洛夫才知道苏联最高苏椎埃主席团拒绝赦免自己。希望破灭了，瓦维洛夫被转送到布特尔卡监狱，准备执行判决。瓦维洛夫没有马上被他杀在布特尔卡监狱的地下室里，他被缓刑一年半。也许有人会说，瓦维洛夫可真够幸运的，是啊，20世纪20年代的瓦维洛夫的确是幸运的。可是，53岁的瓦维洛夫是一名等待死亡的型事犯。是的，等待死亡，子弹枪杀的瞬息死亡，被受尽折磨的、屈辱的、延长了死亡所代替。

18个半月，瓦维洛夫知道属于自己的生命还有565天。8月8日，瓦维洛夫又呈交了一份申请书："我斗胆提出请求，请给我提供条件去全力从事现在我的专业上最为迫切的任务。

①我可以半年内编完《抗最主要病害栽培作物品种的培养指南》；

②我可以通过紧张的工作在6－8个月内结束对苏联各个地区都适用的《禾谷类作物育种实用指南》的编写。……

我想把我在作物栽培领域中的全部经验、全部知识和力量毫无保留地贡献给苏联政权和我的祖国，在我的祖国，我可能会是有极大用处的。尼·瓦维洛夫1941年8月8日于布特尔卡监狱49号囚室。

国家机器仍然没有迅速作出反应，10月中旬，德国军队临近了，首都的形势一天比一天危急。（二次大战中，德军入侵苏联）16日凌晨，莫斯科城突然陷入了一片混乱。居民们纷纷离开自己的家园到东方去躲避战火。到中午时，城里的交通几乎已陷入瘫痪状态。有些地方，人们开始捣毁商店。各个机关接到了烧毁档案的命令，恐慌更为强烈了。内务人民委员部的机构开始大规模疏散犯人。

几座监狱中的数千名犯人被带到了火车站，准备运往萨拉托夫、奥伦堡、古比雪夫等外地监狱。瓦维洛夫站在人群之中，目睹了这一极其混乱的场面，眼里流露出焦灼、忧虑的神色。牵着狗的警卫围住整个站前广场，为了便于看管，他们命令所有犯人一律趴在地上。前一天夜里，莫斯科刚刚下了一场雪，积雪很快在犯人的体温下融化了，冰冷肮脏的泥浆在柏油马路上四处流淌。

犯人们试图从积水太多的地方爬开，但爬不了，人太挤了，而且警卫一看见犯人稍有动作，就抡起皮鞭劈头盖脸一顿抽打。大约持续了6个小时，天色发白，新的一天又要开始了。犯人们几乎都被冻僵了。瓦维洛夫稍稍活动了一下头部，眼角的余光发现周围的人大都是积极分子模样，他不由得在心里一声长叹。

渐渐地，街上的行人多起来了。瓦维洛夫清楚地听到了人们的喊叫："间谍！""叛徒！"从内心到身外的寒冷使瓦维洛夫的身子不由自主地抖动了一下。接着，犯人们被驱赶着上了火车。本来是只能运送5个犯人的车厢硬是塞进了20多人。这些人不得不一个紧挨着一个坐着，想活动一下手脚是根本不可能的事。瓦维洛夫夹杂在人们中间，他不像别人那样抱怨、咒骂，也不像有些人那垂头丧气，长吁短叹。他一整天一整天地闭目沉思。

火车走了两周才到达目的地。由于一路上食物极缺乏，所以走下火车时，犯人们都饿得只剩一下一付骨头架子，站立不稳了。在萨拉托夫，犯人们又被按倒在地上，脱掉衣服搜查，最后用冷水冲淋，经过"卫生处理"后，才被送到各个牢房。

瓦维洛夫走进了关押最重要的社会和政治活动家的三号牢房。旁边的一间单人囚室变成了侦讯室。从那里没日没夜地传出拷打声和犯人痛苦的呻吟声、撕心裂肺的惨叫声。

又一场大雪，瓦维洛夫迎来了他狱中的第二个冬天。

一天早晨，看守通知各个囚室的犯人上午要去医院体验，马上站到院子里来。犯人们先后被带出牢房。瓦维洛夫一个人面对着高墙站着，眼里若有所思。他的脸色比入狱时更加苍白了，头发、胡须都有些凌乱，还是穿着那件黑大衣，身体瘦削得怕人。

墙角几棵树枯枝在寒风中摇晃着，偶尔发出轻微的脆响。带着枪的看守在院子里走来走去，单调沉重的脚步声划过冷寂的地面。人群中突然传来断断续续、低沉压抑的哭泣声。瓦维洛夫回过头，发现发出哭声的是自己身边的一个年轻的少女。女孩大约十六七岁的样子，因为不敢发现太大声音，她的双肩微微地抖动着，脸上布满了绝望的恐惧。瓦维洛夫眼里掠过一丝疑问，他俯下身轻轻地问："小姑娘，你叫什么名字？你怎么了？"女孩停止抽噎，看了看瘦得可怕的瓦维洛夫，急促地说："我叫伊琳娜·皮奥特罗夫斯卡娅，他们说我打算参与谋杀斯大林同志，我没有，他们不停地审问我，我浑身都疼，害怕极了，我不想死，我想回家……"说到这里，女孩又伤心地哭了起来。

瓦维洛夫的神情冷峻中杂杂着愤怒，他沉吟了一小会儿，然后用他一贯低沉有力的声音坚定地对那女孩说："伊琳娜，请你注意听我说，并尽力记住我的话。你大概可以活着出去，你一定要记住我的名字，我是尼古拉·伊万诺维奇·瓦维洛夫院士，外面没有人知道我被关在这里，你一定不要忘掉的我的名字。现在你不要哭，不要害怕，这是带我们去医院。我相信这里的一切总有一天是会公之于世的，人们会重新评价我们，你一定要坚强点儿……"

"不许讲话，上车！"看守没好声气地喊了一句，瓦维洛夫的话被打断了。

从医院回来后，瓦维洛夫被转到了另一间囚室。在潮湿、不通风的地下室里有一个狭窄得可怜的小房间，瓦维洛夫见到了自己的两个同伴：卢波尔院士和菲拉托夫工程师，也是被判处死决的人。三个人都穿上了同样的狱服：一块粗麻布口袋，脑袋和双手处开了口子，犯人们称这种衣服为长衣。脚上是椴树皮编织的鞋子，据卢波尔院士说，古罗马的奴隶们就穿这样的衣服。

一日三餐就更加可怜了。早晨是一碗温热水。一块300克的面包供一昼夜，面包通常是没有烤熟的，质量糟极了。午饭有一盆糟透了的稀菜汤。晚饭是一盆生西红柿做的稀汤。稀粥和鲱鱼只根据医嘱给重病号。

瓦维洛夫和他的两位室友就是在这样的条件下互相鼓励着。在这间小小的囚室里，在这个需要两个紧贴在墙上，第三个人才能挪动几下脚步的"石头缝"里，瓦维洛夫开始给自己的两上同伴讲课。

他讲历史、生物学，讲林业技术，三门课顺序往下讲，三个人渐渐地忘掉了沉重的现实。瓦维洛夫尽量压低了嗓门，因为一大声讲话，看守长就要打开囚室的门或者监视窗，命令只许低声讲话。就这样一天又一天：早晨，吃完早饭后讲课，接着休息，吃午饭，又是讲课，直到晚饭和睡觉。瓦维洛夫表现得很坚定，残酷的现实似乎对他已经完全没有任何影响了……

瓦维洛夫在死囚室中总共待了有一年左右。在这期间，这个监狱地下室里的犯人们一次也没有被带出去放风。他们被禁止和亲人通信、接受递送的物品。他们不仅不准许去洗澡，而且甚至连在囚室中洗脸用的肥皂也没有，更谈不上书籍了。

有几次，瓦维洛夫对监狱的首长说话，请他宽容，并查明他未来的命运如何。

上尉伊拉申回答得很简短："从莫斯科来了命令，说枪毙，我们就枪毙；说赦免，我们就赦免。"

到1942年春天，瓦维洛夫的身体状况恶化起来，他得了严重的坏血病。连努力执行公务的伊拉申上尉也发起慈悲心来了：瓦维洛夫被准予给苏联人民委员会的副主席，最高国家安全委员贝利亚写信。这封信写在一张大纸上，密密麻麻地写满了正反两面。瓦维洛夫的中心意思仍然是恳求让他去工作，即使不能释放，即使是在铁窗之内，什么地方都行，只要能干工作。他说："我54岁，有丰富的经验和知识，尤其是在作物栽培领域；能自由掌握几种最主要的欧洲语言，如果我能把我自己完全献给我的祖国，为我的祖国从事有益的工作而死去，我会感到幸福的。……"下面又接着写道："我请求您，恳求您减轻对我的惩罚，明确我未来的命运，提供我专业的工作，哪怕是最卑微的工作，如做一名作物栽培科研人员或教师。"

这一年的春天，整个监狱流行起了痢疾。有几百人因赤痢而死去。瓦维洛夫也传染上了痢疾，病得很厉害，但这不远远不是对他的最后的考验。

瓦维洛夫请求和家人会面，因为他非常牵挂妻子博鲁利娜、两个儿子奥列格、尤里，还有弟弟谢尔盖的情况，他已经有一年半的时间没有得到他们的一丁点儿音讯了。还好，谢尔盖和两个孩子没有受到迫害。最可怜的是博鲁列娜，她的身体非常虚弱，家庭生活的重担、丈夫被捕的打击使她看起来好像老了几十岁。她穿得像个叫花子，到处打听丈夫的消息。并且从自己少得可怜的伙食费里挤出几个钱来买一点儿食品寄给瓦维洛夫，可是这些邮包像落进了大海一样，消失得无影无踪。

瓦维洛夫写前面那封信是在1942年4月25日。大约是在5月初，这封信通过秘密邮局从萨拉托夫监狱送到了莫斯科国家安全的最高殿堂。贝利亚深受感动，他下令撤销瓦维洛夫的死刑判决。6月13日，副内务人民委员梅尔库洛夫向苏联最高军事法庭庭长乌尔里希寄去了一封专门的信件。关于卢波尔和瓦维洛夫的命运，信中写道："鉴于上述犯人可用于有国际意义的工作，苏联内部人民委员部请求撤销对他他们的极刑惩罚，改判为在内务人民委员部劳改营监禁，刑限每人20年。"

对于卢波尔和瓦维洛夫来说,一年来这是头一次,等待被处死的噩梦烟消云散了。只有身临其境的人才会有这种感觉,否则谁会理解一个人在听到被判处20年苦刑后幸福地哈哈大笑呢?

这一年的夏天,瓦维洛夫期待着离开监视去劳改营,去那个能发挥自己的才能的地方。瓦维洛夫是多么迫切地希望回到科学研究中去啊!可是,卢波尔被送往劳改营去了,他的事却一直没有消息,夏天过去了,秋天也过去了,他还一直待在牢房里。

很快,一年时间过去了。1943年的冬天,普良尼什尼科夫不止一次地找到李森科,甚至找到贝利亚。费了许多周折,他终于让贝利亚接见了他。贝利亚态度殷勤,客气地打开桌子上放着的一堆尼·伊·瓦维洛夫侦查案件的卷宗。"您瞧",贝利亚指着一份卷宗,仿佛在说:"这是他亲笔写的,他投靠了英国情报机构。"普良尼什尼科夫看了看,随即把厚厚的卷宗推到了一旁,站起来说了句:"只要他能亲口对我讲述所有这一切,我就相信。"然后,也没说"再见",就朝门口走去。有半个小时左右,他弄不清楚哪里是道路,眼前什么也看不见,只是跌跌撞撞地往前走,直到"好心的人们"让他出示通行证,并把他带出大门外。

谢尔盖·瓦维洛夫听说哥哥在监狱中一点东西也吃不上,健康状况急剧恶化、生命垂危,心里非常难过,他也一次次地请求以科学院的名义立即把尼古拉·伊万诺维奇的一切情况报告给斯大林，并且亲自起草了一封信。的内容大致如下：我们这个时代的最伟大的植物学家尼古拉·伊万诺维奇·瓦维洛夫被关在狱中，他的健康受到严重损害。苏联科学院准备保他出狱，随传随到。如果不能释放这位学者，请求给被捕者提供在作物栽培领域内外从事研究工作的可能性。

几个月过去了，斯大林的办公室按照自己的习惯，故不作答。瓦维洛夫依然挣扎在死亡线上。

1943年1月26日，萨拉托夫的监狱医院开出了这样一张虚假的死亡证明书：

"我，医生斯捷潘诺娃，医士斯克里皮娜，检查了犯人尼·伊·瓦维洛夫的尸体，而发现情况如下：体格匀称，营养程度大大低于标准，外皮苍白，骨骼和肌肉组织无变异。据病历材料，犯人尼·伊·瓦维洛夫自1943年1月24日因格鲁布性肺炎住进监狱医院治疗，死于心脏活动衰竭。值班医生：斯捷潘诺娃 值班护士：斯克里皮娜。"

不错，瓦维洛夫是死了，但他是因饥饿而死，死在了监狱医院冰冰冷的床板上；死在了1943年那个极其寒冷的冬天。然后，被草草地埋葬在极其荒凉的沃兹涅先斯基墓地。没有留下什么标记。瓦维洛夫终于不再孤独，因为在他的周围，埋葬着无数同他一样屈死的人们，他们终于带着人世冰冷的记忆永远地长眠了。

永远的追忆

一个伟大的人，一位杰出的生物学家就这样被政治迫害和饥饿折磨杀死了，被抛进荒冢。

春、夏、秋、冬，无名的荒冢被杂草覆盖，被积雪覆盖，被历史的尘烟覆盖。

然而历史的车轮总是要不断地向前滚动的。1955年8月，瓦维洛夫的妻子博鲁利娜通过邮局接到了一张印制好的纸片。纸片上写着："由于在他的行动中没有犯罪的内容，瓦维洛夫是没有罪的。"博鲁利娜双手紧握着这薄薄的纸片，失声地痛哭起来，罪名可以洗刷，可是丈夫的生命能够挽回吗！心爱的丈夫是怎样度过3年狱中生活的，没有人能够告诉她；心爱的丈夫是在什么样的情况下永远地告别了人世的,也没有人能够告诉她;最令博鲁利娜心醉的是:不仅在丈夫临死前没能见上最后的一面,而且直到现在,她仍然不知道在什么地方可以找到自己深爱的丈夫的坟墓!握着这一张薄薄的纸片,博鲁利娜默默地问天、问地:在自己活着的日子里,还能不能在丈夫的墓前亲手献上一束带泪的鲜花?

直到1965年,公开批判李森科、揭露不学无术、厚颜无耻和自私自利的"李森科学者们"的文章,以及瓦维洛夫的名字才开始不断地出现在一系列的报纸杂志上,为他的千古奇冤平反昭雪。7月,苏联科学院建立了奖励遗传学、育种学和作物栽培学方面的杰出成就的尼古拉·伊万诺维奇·瓦维洛夫奖金。

全世界的进步学者都满怀激动地欢迎瓦维洛夫院士回到世界科学的洪流中来。尽管瓦维洛夫已经永远地长眠在了一个寂寞的角落,但他的学说、他的理论、他的功绩、他的精神、他的灵魂是任何东西、任何力量都无法监禁的。他的心灵之光曾经在最黑暗的日子里照亮了同伴的生命;如今,他的精神之光终于冲破了浓厚的阴霾。

1966年5月,成立了全苏育种学家和遗传学家协会。协会的第一次会议在科学院鲜花盛开的植物园中,热烈地召开了。代表们一致同意以瓦维洛夫的名字为协会命名,会场上响起了长时间的掌声。几位老一代遗传学家抑制不住激动的情绪，流下了热泪。

正义和真理终于取得了胜利。

在1960年出版的瓦维洛夫文集的前言《学者的魅力》中，巴拉诺夫写道："尼古拉·伊万诺维奇的魅力不是昙花一现的、暂时的，只和他情绪好的时候、和创造激情、和顺利解决某项任务相联系的……不，这种魅力是在他的人生之途上随时可见的，吸引人和使人的内心感到喜悦的、经常的和罕见的天赋。尼古拉·伊万诺维奇的魔力之源毕竟不是在眼睛里，不是在嗓音里，不是在待人的纯朴之中。所有这些外部的东西只是令人惊异地等量反映出这个人内部的、心灵的美和强大力量！"

伟大的人不会死去。尼古拉·伊万诺维奇的名字在西方，就像在自己在祖国一样顽强地不被人们所遗忘。达林顿在他的《尼·伊·瓦维洛夫教授》一文中说："科学也会记住他的成就，这些成就将会比他个人的不幸活得更长久。"

曼格尔斯多夫在他的《尼古拉·伊万诺维奇·瓦维洛夫，1887－1942》一文中说："瓦维洛夫是个具有巨大智力能量、强健体魄、宏伟思想和神奇工作能力的人。但他也是个极为谦虚、热情友好、宽容大度和具有高尚动机的人。对于极为了解他的人来说，对他的回忆所引起的不仅是赞美和尊重，而且还有热烈的依恋之情。"

1970年，瓦维洛夫的墓地上树起了纪念碑。守墓的老人常常见到一些人长时间地立在碑前，默默追悼这位为人类做出了卓越贡献的伟大的学者。

世界五千年科技故事丛书

01. 科学精神光照千秋：古希腊科学家的故事
02. 中国领先世界的科技成就
03. 两刃利剑：原子能研究的故事
04. 蓝天、碧水、绿地：地球环保的故事
05. 遨游太空：人类探索太空的故事
06. 现代理论物理大师：尼尔斯·玻尔的故事
07. 中国数学史上最光辉的篇章：李冶、秦九韶、杨辉、朱世杰的故事
08. 中国近代民族化学工业的拓荒者：侯德榜的故事
09. 中国的狄德罗：宋应星的故事
10. 真理在烈火中闪光：布鲁诺的故事
11. 圆周率计算接力赛：祖冲之的故事
12. 宇宙的中心在哪里：托勒密与哥白尼的故事
13. 陨落的科学巨星：钱三强的故事
14. 魂系中华赤子心：钱学森的故事
15. 硝烟弥漫的诗情：诺贝尔的故事
16. 现代科学的最高奖赏：诺贝尔奖的故事
17. 席卷全球的世纪波：计算机研究发展的故事
18. 科学的迷雾：外星人与飞碟的故事
19. 中国桥魂：茅以升的故事
20. 中国铁路之父：詹天佑的故事
21. 智慧之光：中国古代四大发明的故事
22. 近代地学及奠基人：莱伊尔的故事
23. 中国近代地质学的奠基人：翁文灏和丁文江的故事
24. 地质之光：李四光的故事
25. 环球航行第一人：麦哲伦的故事
26. 洲际航行第一人：郑和的故事
27. 魂系祖国好河山：徐霞客的故事
28. 鼠疫斗士：伍连德的故事
29. 大胆革新的元代医学家：朱丹溪的故事
30. 博采众长自成一家：叶天士的故事
31. 中国博物学的无冕之王：李时珍的故事
32. 华夏神医：扁鹊的故事
33. 中华医圣：张仲景的故事
34. 圣手能医：华佗的故事
35. 原子弹之父：罗伯特·奥本海默
36. 奔向极地：南北极考察的故事
37. 分子构造的世界：高分子发现的故事
38. 点燃化学革命之火：氧气发现的故事
39. 窥视宇宙万物的奥秘：望远镜、显微镜的故事
40. 征程万里百折不挠：玄奘的故事
41. 彗星揭秘第一人：哈雷的故事
42. 海陆空的飞跃：火车、轮船、汽车、飞机发明的故事
43. 过渡时代的奇人：徐寿的故事

世界五千年科技故事丛书

44. 果蝇身上的奥秘：摩尔根的故事
45. 诺贝尔奖坛上的华裔科学家：杨振宁与李政道的故事
46. 氢弹之父—贝采里乌斯
47. 生命，如夏花之绚烂：奥斯特瓦尔德的故事
48. 铃声与狗的进食实验：巴甫洛夫的故事
49. 镭的母亲：居里夫人的故事
50. 科学史上的惨痛教训：瓦维洛夫的故事
51. 门铃又响了：无线电发明的故事
52. 现代中国科学事业的拓荒者：卢嘉锡的故事
53. 天涯海角一点通：电报和电话发明的故事
54. 独领风骚数十年：李比希的故事
55. 东西方文化的产儿：汤川秀树的故事
56. 大自然的改造者：米秋林的故事
57. 东方魔稻：袁隆平的故事
58. 中国近代气象学的奠基人：竺可桢的故事
59. 在沙漠上结出的果实：法布尔的故事
60. 宰相科学家：徐光启的故事
61. 疫影擒魔：科赫的故事
62. 遗传学之父：孟德尔的故事
63. 一贫如洗的科学家：拉马克的故事
64. 血液循环的发现者：哈维的故事
65. 揭开传染病神秘面纱的人：巴斯德的故事
66. 制服怒水泽千秋：李冰的故事
67. 星云学说的主人：康德和拉普拉斯的故事
68. 星辉月映探苍穹：第谷和开普勒的故事
69. 实验科学的奠基人：伽利略的故事
70. 世界发明之王：爱迪生的故事
71. 生物学革命大师：达尔文的故事
72. 禹迹茫茫：中国历代治水的故事
73. 数学发展的世纪之桥：希尔伯特的故事
74. 他架起代数与几何的桥梁：笛卡尔的故事
75. 梦溪园中的科学老人：沈括的故事
76. 窥天地之奥：张衡的故事
77. 控制论之父：诺伯特·维纳的故事
78. 开风气之先的科学大师：莱布尼茨的故事
79. 近代科学的奠基人：罗伯特·波义尔的故事
80. 走进化学的迷宫：门捷列夫的故事
81. 学究天人：郭守敬的故事
82. 攫雷电于九天：富兰克林的故事
83. 华罗庚的故事
84. 独得六项世界第一的科学家：苏颂的故事
85. 传播中国古代科学文明的使者：李约瑟的故事
86. 阿波罗计划：人类探索月球的故事
87. 一位身披袈裟的科学家：僧一行的故事